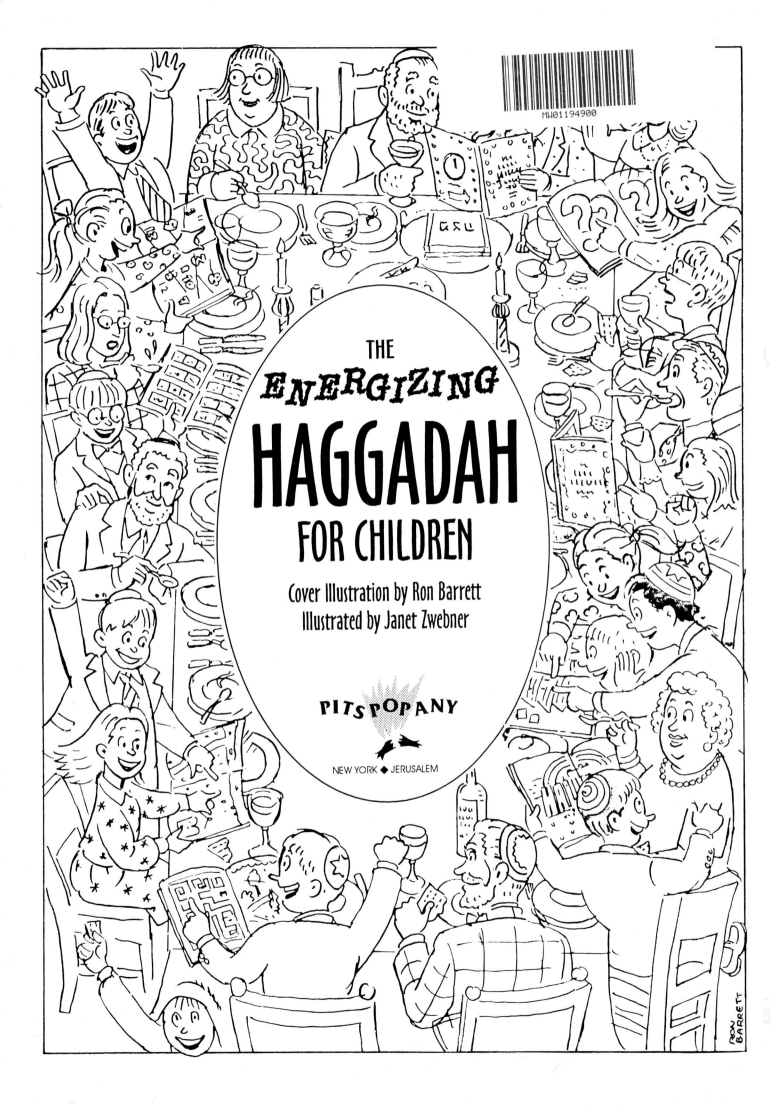

THE
ENERGIZING
HAGGADAH
FOR CHILDREN

Cover Illustration by Ron Barrett
Illustrated by Janet Zwebner

PITSPOPANY

NEW YORK ◆ JERUSALEM

and I will bring you out
and I will deliver you
and I will redeem you
and I will take you
and I will bring you
BLESS THE SUN
ONCE IN 28 YEARS
TO FREEDOM
FREE FREE
THE MONTH OF REDEMPTION IS HERE!
I'M FREE!
I HAVE A DREAM...
FREE SPEECH
HAPPY NISSAN
NISSAN 1ST OF THE YEAR
NEW MODEL
NISSAN
BUY ONE ANYTHING! GET ONE FREE!
TO THE KOTEL
SCHOOL'S OUT!
UH! OH!
UH! OH!
FIND
UH! OH!
LEG IRONS
A LOST SHEEP
MATZAH
CHICKEN LEG

IS'IS FERRY
FROM SLAVERY
SHEEP SANCTUARY
SLAVE DRIVER
MOVE LEFT... RIGHT!
CRUEL TASK MASTER
MORTAR MIX
MAZEL TOV
UH! OH!
CITY PLANNER
MODEL CITY
HOT STOVE
Jared Weber '97

The Seder Table

Matzah - There should be three whole matzot placed on top of each other.

Wine - Four cups will be filled during the course of the Seder.

Cup for Elijah - A special cup is used to hold wine for the Prophet Elijah.

Salt Water - A small dish of salt water is placed near the Seder plate.

The Seder Plate

Z'ro'a	- roasted bone
Beitzah	- hard boiled egg
Marror	- bitter herbs - horseradish root
Charoset	- mixture of apples, nuts, other fruits, cinnamon, and wine
Chazeret	- romaine lettuce
Karpas	- celery, parsley or boiled potato

ORDER OF THE SEDER

Kaddesh	- (Kiddush) Blessing on the wine
Urechatz	- Washing hands without blessing
Karpas	- Vegetable dipped in salt water
Yachatz	- Dividing the matzah
Maggid	- Telling the story
Rachtzah	- Washing hands with blessing
Motzie Matzah	- Blessing for matzah
Marror	- Bitter herbs
Korech	- Hillel's sandwich
Shulchan Orech	- Festive meal
Tzafun	- Afikoman (hidden dessert)
Barech	- Grace after meal
Hallel	- Psalms of praise
Nirtzah	- Conclusion

KADDESH

You're a free person tonight. Don't pour your own wine, let someone else fill your cup. Lift the cup and recite the following blessings. The matzah should be covered.

On Friday night begin here:

AND it was evening, and it was morning – The sixth day! And the heavens and the earth and all that was in them God completed. On the seventh day God stopped His work of Creation and He rested. And God blessed the seventh day and made it holy; because on this day He rested from doing the work of Creation.

לפני בדיקת חמץ בביתו יברך

בָּרוּךְ אַתָּה יי אֱלֹהֵינוּ מֶלֶךְ הָעוֹלָם,
אֲשֶׁר קִדְּשָׁנוּ בְּמִצְוֹתָיו וְצִוָּנוּ עַל בִּעוּר חָמֵץ

אחר הבדיקה יאמר

כָּל חֲמִירָא וַחֲמִיעָא דְּאִכָּא בִרְשׁוּתִי, דְּלָא חֲמִתֵּהּ, וּדְלָא בִעַרְתֵּהּ, וּדְלָא יָדַעְנָא לֵהּ, לִבָּטֵל וְלֶהֱוֵי הֶפְקֵר כְּעַפְרָא דְאַרְעָא.

אחר שריפת החמץ יאמר

כָּל חֲמִירָא וַחֲמִיעָא דְּאִכָּא בִרְשׁוּתִי, דַּחֲזִתֵּהּ וּדְלָא חֲזִתֵּהּ, דַּחֲמִתֵּהּ וּדְלָא חֲמִתֵּהּ, דְּבִעַרְתֵּהּ וּדְלָא בִעַרְתֵּהּ, לִבָּטֵל וְלֶהֱוֵי הֶפְקֵר כְּעַפְרָא דְאַרְעָא.

Order of the Seder

קַדֵּשׁ
וּרְחַץ
כַּרְפַּס
יַחַץ
מַגִּיד
רָחְצָה
מוֹצִיא מַצָּה
מָרוֹר
כּוֹרֵךְ
שֻׁלְחָן-עוֹרֵךְ
צָפוּן
בָּרֵךְ
הַלֵּל
נִרְצָה

קַדֵּשׁ

You're a free person tonight. Don't pour your own wine, let someone else fill your cup. Lift the cup and recite the following blessings. The matzah should be covered.

On Friday night begin here:

בלחש וַיְהִי עֶרֶב וַיְהִי בֹקֶר.

יוֹם הַשִּׁשִּׁי. וַיְכֻלּוּ הַשָּׁמַיִם וְהָאָרֶץ וְכָל צְבָאָם. וַיְכַל אֱלֹהִים בַּיּוֹם הַשְּׁבִיעִי, מְלַאכְתּוֹ אֲשֶׁר עָשָׂה, וַיִּשְׁבֹּת בַּיּוֹם הַשְּׁבִיעִי מִכָּל מְלַאכְתּוֹ אֲשֶׁר עָשָׂה. וַיְבָרֶךְ אֱלֹהִים אֶת יוֹם הַשְּׁבִיעִי, וַיְקַדֵּשׁ אֹתוֹ, כִּי בוֹ שָׁבַת מִכָּל מְלַאכְתּוֹ אֲשֶׁר בָּרָא אֱלֹהִים לַעֲשׂוֹת.

Kiddush

BLESSED are You, Lord our God, King of the universe, Who creates the fruit of the grape-vine.

BLESSED are You, Lord our God, King of the universe, Who has chosen and lifted us up above all nations and made us holy with His commandments. And You, Lord our God, have lovingly given to us (Shabbat for rest) special times for gladness, holidays for joy, (this Shabbat day, and) this Festival of Matzah, our season of freedom, (with love) a holy day, a reminder of the Exodus from Egypt. You chose and made us holy above all other peoples; and You gave us (Shabbat and) holy days with happiness and joy. Blessed are You, God, Who makes (the Shabbat, and) Israel and the special seasons holy.

On Saturday night add:

BLESSED are You, Lord our God, King of the Universe, Who creates the light of the fire.

BLESSED are You, Lord our God, King of the universe, Who has separated between the sacred and the secular, between light and darkness, between Israel and the nations, between the seventh day and the six working days. You have separated the holiness of the Shabbat from the holiness of the Festival, and have sanctified the seventh day above the six working days. You have separated and sanctified Your people Israel with Your holiness. Blessed are You Lord, Who makes a distinction between the degrees of holiness.

The following is added on the first night only.

BLESSED are You, Lord our God, King of the universe, Who has given us life, sustained us, and permitted us to reach this festive season.

Drink the first cup of wine while leaning to your left side.

URECHATZ - Washing the hands

Pour water from a cup over each hand two times. No blessing is said.

סַבְרִי מָרָנָן וְרַבָּנָן וְרַבּוֹתַי.
בָּרוּךְ אַתָּה יי אֱלֹהֵינוּ מֶלֶךְ הָעוֹלָם,
בּוֹרֵא פְּרִי הַגָּפֶן.

בָּרוּךְ אַתָּה יי אֱלֹהֵינוּ מֶלֶךְ הָעוֹלָם, אֲשֶׁר בָּחַר בָּנוּ מִכָּל עָם וְרוֹמְמָנוּ מִכָּל לָשׁוֹן וְקִדְּשָׁנוּ בְּמִצְוֹתָיו וַתִּתֶּן לָנוּ יי אֱלֹהֵינוּ בְּאַהֲבָה (לשבת: שַׁבָּתוֹת לִמְנוּחָה וּ) מוֹעֲדִים לְשִׂמְחָה, חַגִּים וּזְמַנִּים לְשָׂשׂוֹן אֶת יוֹם (לשבת: הַשַּׁבָּת הַזֶּה וְאֶת יוֹם) חַג הַמַּצּוֹת הַזֶּה, זְמַן חֵרוּתֵנוּ (לשבת: בְּאַהֲבָה) מִקְרָא קֹדֶשׁ זֵכֶר לִיצִיאַת מִצְרָיִם, כִּי בָנוּ בָחַרְתָּ וְאוֹתָנוּ קִדַּשְׁתָּ מִכָּל הָעַמִּים, (לשבת: וְשַׁבָּת) וּמוֹעֲדֵי קָדְשֶׁךָ (לשבת: בְּאַהֲבָה וּבְרָצוֹן) בְּשִׂמְחָה וּבְשָׂשׂוֹן הִנְחַלְתָּנוּ. בָּרוּךְ אַתָּה יי, מְקַדֵּשׁ (לשבת: הַשַּׁבָּת וְ) יִשְׂרָאֵל וְהַזְּמַנִּים.

On Saturday night add:

הבדלה

בָּרוּךְ אַתָּה יי אֱלֹהֵינוּ מֶלֶךְ הָעוֹלָם,
בּוֹרֵא מְאוֹרֵי הָאֵשׁ

בָּרוּךְ אַתָּה יי אֱלֹהֵינוּ מֶלֶךְ הָעוֹלָם, הַמַּבְדִּיל בֵּין קֹדֶשׁ לְחוֹל, בֵּין אוֹר לְחוֹשֶׁךְ, בֵּין יִשְׂרָאֵל לָעַמִּים, בֵּין יוֹם הַשְּׁבִיעִי לְשֵׁשֶׁת יְמֵי הַמַּעֲשֶׂה. בֵּין קְדֻשַּׁת שַׁבָּת לִקְדֻשַּׁת יוֹם טוֹב הִבְדַּלְתָּ, וְאֶת יוֹם הַשְּׁבִיעִי מִשֵּׁשֶׁת יְמֵי הַמַּעֲשֶׂה קִדַּשְׁתָּ, הִבְדַּלְתָּ וְקִדַּשְׁתָּ אֶת עַמְּךָ יִשְׂרָאֵל בִּקְדֻשָּׁתֶךָ. בָּרוּךְ אַתָּה יי, הַמַּבְדִּיל בֵּין קֹדֶשׁ לְקֹדֶשׁ.

The following is added on the first night only.

בָּרוּךְ אַתָּה יי אֱלֹהֵינוּ מֶלֶךְ הָעוֹלָם,
שֶׁהֶחֱיָנוּ וְקִיְּמָנוּ וְהִגִּיעָנוּ לַזְּמַן הַזֶּה.

Drink the first cup of wine while leaning to your left side.

וּרְחַץ

Pour water from a cup over each hand two times. No blessing is said.

Find

Candle
Feather
Crumbs
Lollipop

Cleaning The House for Passover

THE MEAN CLEAN MACHINE

HOME CLEAN HOME

Ginger-Bread House

UH! OH!

KARPAS

Dip a small piece of vegetable into salt water. Say the following blessing before eating:

BLESSED are You, Lord our God, King of the universe, Who creates the fruit of the earth.

YACHATZ - Dividing the matzah

The middle matzah on the Seder table is broken into two pieces. The smaller piece is replaced between the two whole matzot. The larger piece is wrapped in a napkin and hidden. This is the Afikoman that you have to find before the end of the Seder.

MAGGID - Telling the Passover story

The leader of the Seder raises the Seder plate with the matzah and says:

THIS is the bread of suffering which our fathers ate in the land of Egypt. Let all who are hungry come and eat. Let all who are needy come and celebrate the Passover. Today we are here; next year we hope to be in Israel. Today we are like slaves; next year we hope to be truly free.

The matzot are covered, the second cup of wine is filled, and the youngest person present asks the four questions.

THE FOUR QUESTIONS

WHY is this night different from all other nights?
1. On all other nights we can eat bread and matzah, but tonight why only matzah?
2. On all other nights we can eat all kinds of green vegetables, but tonight why bitter herbs?
3. On all other nights we do not dip our food even once, but tonight why do we dip our food twice?
4. On all other nights we eat sitting or leaning, but tonight why do we all lean?

The matzot are uncovered. They remain uncovered throughout the Seder, except when you lift the cup of wine.

THE ANSWER

WE were slaves to Pharaoh in Egypt, and the Lord our God took us out of there with a mighty hand and an outstretched arm. If God had not taken our ancestors out of Egypt, then we, our children, and

כַּרְפַּס

Dip a small piece of vegetable into salt water. Say the following blessing before eating:

בָּרוּךְ אַתָּה יי אֱלֹהֵינוּ מֶלֶךְ הָעוֹלָם,
בּוֹרֵא פְּרִי הָאֲדָמָה.

יַחַץ

The middle matzah on the Seder table is broken into two pieces. The smaller piece is replaced between the two whole matzot. The larger piece is wrapped in a napkin and hidden. This is the Afikoman that you have to find before the end of the Seder.

מַגִּיד

The leader of the Seder raises the Seder plate with the matzah and says:

הָא לַחְמָא עַנְיָא דִי אֲכָלוּ אַבְהָתָנָא בְּאַרְעָא דְמִצְרָיִם. כָּל דִכְפִין יֵיתֵי וְיֵכוֹל. כָּל דִצְרִיךְ יֵיתֵי וְיִפְסַח. הָשַׁתָּא הָכָא לְשַׁתָּא דְאָתְיָא בְּאַרְעָא דְיִשְׂרָאֵל. הָשַׁתָּא עַבְדֵי לְשַׁתָּא דְאָתְיָא בְּנֵי חוֹרִין.

The matzot are covered, the second cup of wine is filled, and the youngest person present asks the four questions.

מַה נִשְׁתַּנָּה הַלַּיְלָה הַזֶּה מִכָּל הַלֵּילוֹת? שֶׁבְּכָל הַלֵּילוֹת אָנוּ אוֹכְלִין חָמֵץ וּמַצָּה; הַלַּיְלָה הַזֶּה- כֻּלּוֹ מַצָּה.
שֶׁבְּכָל הַלֵּילוֹת אָנוּ אוֹכְלִין שְׁאָר יְרָקוֹת; הַלַּיְלָה הַזֶּה- מָרוֹר.
שֶׁבְּכָל הַלֵּילוֹת אֵין אָנוּ מַטְבִּילִין אֲפִילוּ פַּעַם אֶחָת; הַלַּיְלָה הַזֶּה - שְׁתֵּי פְעָמִים.
שֶׁבְּכָל הַלֵּילוֹת אָנוּ אוֹכְלִין בֵּין יוֹשְׁבִין וּבֵין מְסוּבִּין; הַלַּיְלָה הַזֶּה - כֻּלָּנוּ מְסוּבִּין.

The matzot are uncovered. They remain uncovered throughout the Seder, except when you lift the cup of wine.

עֲבָדִים הָיִינוּ לְפַרְעֹה בְּמִצְרָיִם, וַיּוֹצִיאֵנוּ יי אֱלֹהֵינוּ מִשָּׁם בְּיָד חֲזָקָה וּבִזְרוֹעַ נְטוּיָה, וְאִלּוּ לֹא הוֹצִיא הַקָּדוֹשׁ בָּרוּךְ הוּא אֶת אֲבוֹתֵינוּ מִמִּצְרָיִם הֲרֵי אָנוּ וּבָנֵינוּ וּבְנֵי בָנֵינוּ מְשֻׁעְבָּדִים הָיִינוּ לְפַרְעֹה בְּמִצְרָיִם, וַאֲפִילוּ כֻּלָּנוּ חֲכָמִים, כֻּלָּנוּ נְבוֹנִים, כֻּלָּנוּ זְקֵנִים, כֻּלָּנוּ יוֹדְעִים אֶת הַתּוֹרָה, מִצְוָה עָלֵינוּ לְסַפֵּר

our children's children would still be enslaved to Pharaoh in Egypt. Therefore, even if we are all wise, all knowledgeable, all sages, and all well-learned in the Torah, it is still our duty to tell about the Exodus from Egypt. And whoever elaborates upon the story of the Exodus from Egypt should be especially praised.

IT is told that Rabbi Eliezer, Rabbi Joshua, Rabbi Elazar ben Azaryah, Rabbi Akiva and Rabbi Tarfon were reclining at the Seder table in Bnei Brak. They spent the whole night discussing the Exodus until their students came and said to them: "Masters! It is already time to say the Sh'ma of the morning prayers."

RABBI Elazar ben Azariah said: I am like a seventy-year old man, but I have not been able to understand why the Exodus from Egypt should be mentioned at night. Then Ben Zoma proved it. The Torah says: "So that you will remember the day you left Egypt all the days of your life". The words "days of your life" means days only, the addition of the word "all" indicates the nights too. The other sages said that "the days of your life" means the present world, the addition of the word "all" indicates the age of the Messiah too.

Blessed is God; blessed is He.
Blessed is God who gave the Torah
to His people Israel; blessed is He.

THE FOUR SONS

The Torah speaks of four sons: One is wise, one is wicked, one is simple, and one does not know how to ask.

THE WISE SON asks: "What is the meaning of the rules and laws which the Lord our God has commanded us?" We answer by teaching him all the laws of Passover, down to the very last detail about not eating anything after the Afikoman.

THE WICKED SON asks: "Why do you bother with all this?" Since he excludes himself from the Passover service, and thus from the Jewish community, it is as though he denies Judaism. Therefore, we respond harshly saying: "Because of

בִּיצִיאַת מִצְרָיִם, וְכָל הַמַּרְבֶּה לְסַפֵּר בִּיצִיאַת מִצְרַיִם הֲרֵי זֶה מְשֻׁבָּח.

מַעֲשֶׂה בְּרַבִּי אֱלִיעֶזֶר וְרַבִּי יְהוֹשֻׁעַ וְרַבִּי אֶלְעָזָר בֶּן עֲזַרְיָה, רַבִּי עֲקִיבָא וְרַבִּי טַרְפוֹן שֶׁהָיוּ מְסֻבִּין בִּבְנֵי בְרַק, וְהָיוּ מְסַפְּרִים בִּיצִיאַת מִצְרַיִם כָּל אוֹתוֹ הַלַּיְלָה, עַד שֶׁבָּאוּ תַלְמִידֵיהֶם וְאָמְרוּ לָהֶם רַבּוֹתֵינוּ הִגִּיעַ זְמַן קְרִיאַת שְׁמַע שֶׁל שַׁחֲרִית.

אָמַר רַבִּי אֶלְעָזָר בֶּן עֲזַרְיָה, הֲרֵי אֲנִי כְּבֶן שִׁבְעִים שָׁנָה וְלֹא זָכִיתִי שֶׁתֵּאָמֵר יְצִיאַת מִצְרַיִם בַּלֵּילוֹת עַד שֶׁדְּרָשָׁהּ בֶּן זוֹמָא, שֶׁנֶּאֱמַר, לְמַעַן תִּזְכֹּר אֶת יוֹם צֵאתְךָ מֵאֶרֶץ מִצְרַיִם כֹּל יְמֵי חַיֶּיךָ, יְמֵי חַיֶּיךָ הַיָּמִים, כֹּל יְמֵי חַיֶּיךָ הַלֵּילוֹת. וַחֲכָמִים אוֹמְרִים יְמֵי חַיֶּיךָ הָעוֹלָם הַזֶּה, כֹּל יְמֵי חַיֶּיךָ לְהָבִיא לִימוֹת הַמָּשִׁיחַ.

בָּרוּךְ הַמָּקוֹם, בָּרוּךְ הוּא, בָּרוּךְ שֶׁנָּתַן תּוֹרָה לְעַמּוֹ יִשְׂרָאֵל, בָּרוּךְ הוּא. כְּנֶגֶד אַרְבָּעָה בָנִים דִּבְּרָה תוֹרָה, אֶחָד חָכָם, וְאֶחָד רָשָׁע, וְאֶחָד תָּם, וְאֶחָד שֶׁאֵינוֹ יוֹדֵעַ לִשְׁאוֹל.

חָכָם מָה הוּא אוֹמֵר, מָה הָעֵדוֹת וְהַחֻקִּים וְהַמִּשְׁפָּטִים אֲשֶׁר צִוָּה יי אֱלֹהֵינוּ אֶתְכֶם, וְאַף אַתָּה אֱמָר לוֹ כְּהִלְכוֹת הַפֶּסַח, אֵין מַפְטִירִין אַחַר הַפֶּסַח אֲפִיקוֹמָן.

רָשָׁע מָה הוּא אוֹמֵר, מָה הָעֲבוֹדָה הַזֹּאת לָכֶם, לָכֶם וְלֹא לוֹ, וּלְפִי שֶׁהוֹצִיא אֶת עַצְמוֹ מִן הַכְּלָל כָּפַר בְּעִקָּר, וְאַף אַתָּה הַקְהֵה אֶת שִׁנָּיו וֶאֱמָר לוֹ, בַּעֲבוּר זֶה עָשָׂה יי לִי בְּצֵאתִי מִמִּצְרָיִם, לִי וְלֹא לוֹ, אִלּוּ הָיָה שָׁם לֹא הָיָה נִגְאָל.

תָּם מָה הוּא אוֹמֵר מַה זֹּאת, וְאָמַרְתָּ אֵלָיו בְּחוֹזֶק יָד הוֹצִיאָנוּ יי מִמִּצְרַיִם מִבֵּית עֲבָדִים.

וְשֶׁאֵינוֹ יוֹדֵעַ לִשְׁאוֹל אַתְּ פְּתַח לוֹ, שֶׁנֶּאֱמַר, וְהִגַּדְתָּ לְבִנְךָ בַּיּוֹם הַהוּא לֵאמֹר בַּעֲבוּר זֶה עָשָׂה יי לִי בְּצֵאתִי מִמִּצְרָיִם.

Save the Afikoman
McMatzah
Over 600,000 Sol
No Dough
Don't Break Up a Whole Matzah
שמורה מצה
Find
UH! OH!
Matzah
Tongs
Matzah Rake
Present
Dividing The Middle Matzah
Kids! There are some great ways to steal the afikoman on this page.

The Matzah Exchange
1/2 Price Specials
Lost and Found
Where's the dough?
Wheat
Desserts
Travelling Matzah Bakery
Seder University
Advanced Matzah ÷
Advanced Matzah +
UH! OH!
K-9
K-8

what God did for me by taking me out of Egypt I do all this. Had you been in Egypt, you would not have been saved!"

THE SIMPLE SON asks: "What is this?" We answer by telling him that we do all this because God freed us from slavery in Egypt with a great show of strength.

THE SON WHO DOES NOT KNOW HOW TO ASK needs our help, as it says: "You must tell your child on the days of Passover: All this is because of what God did for me when I came out of Egypt."

YOU might think that we should start telling about the Exodus on the first day of the Hebrew month Nissan. But the Torah says, "on that day," which means on the day the Passover sacrifice was brought. If so, then you might think we should talk about the Exodus on the afternoon before the Seder. That is why the Torah writes: "because of this," which means you must talk about the Exodus when the matzah and bitter herbs are in front of you.

THE STORY

AT first our fathers served idols, but now God has brought us close to serve Him. It is written: "Joshua said to all the people: 'So says the Lord God of Israel: Your fathers have always lived beyond the Euphrates River, including Terah, the father of Abraham and Nahor; and they worshipped other gods.

'I took your father Abraham from the other side of the river and led him through all the land of Canaan. I increased his family by giving him Isaac. To Isaac I gave Jacob and Esau; to Esau I gave Mount Seir for a homeland, while Jacob and his children went down to Egypt.'"

BLESSED is He who keeps His promise to Israel; blessed is He. God calculated the time for our final deliverance in order to fulfill what He had promised to our father Abraham in The Covenant Between the Pieces, as it is written: "God said to Abram, 'Your descendants will be strangers in a land that is not

יָכוֹל מֵרֹאשׁ חוֹדֶשׁ תַּלְמוּד לוֹמַר בַּיּוֹם הַהוּא, אִי בַּיּוֹם הַהוּא, יָכוֹל מִבְּעוֹד יוֹם תַּלְמוּד לוֹמַר בַּעֲבוּר זֶה. בַּעֲבוּר זֶה לֹא אָמַרְתִּי אֶלָּא בְּשָׁעָה שֶׁיֵּשׁ מַצָּה וּמָרוֹר מֻנָּחִים לְפָנֶיךָ.

מִתְּחִלָּה עוֹבְדֵי עֲבוֹדָה זָרָה הָיוּ אֲבוֹתֵינוּ, וְעַכְשָׁיו קֵרְבָנוּ הַמָּקוֹם לַעֲבוֹדָתוֹ. שֶׁנֶּאֱמַר, וַיֹּאמֶר יְהוֹשֻׁעַ אֶל כָּל הָעָם כֹּה אָמַר יי אֱלֹהֵי יִשְׂרָאֵל בְּעֵבֶר הַנָּהָר יָשְׁבוּ אֲבוֹתֵיכֶם מֵעוֹלָם, תֶּרַח אֲבִי אַבְרָהָם וַאֲבִי נָחוֹר, וַיַּעַבְדוּ אֱלֹהִים אֲחֵרִים.

וָאֶקַּח אֶת אֲבִיכֶם אֶת אַבְרָהָם מֵעֵבֶר הַנָּהָר וָאוֹלֵךְ אוֹתוֹ בְּכָל אֶרֶץ כְּנָעַן, וָאַרְבֶּה אֶת זַרְעוֹ וָאֶתֵּן לוֹ אֶת יִצְחָק. וָאֶתֵּן לְיִצְחָק אֶת יַעֲקֹב וְאֶת עֵשָׂו וְאֶתֵּן לְעֵשָׂו אֶת הַר שֵׂעִיר לָרֶשֶׁת אוֹתוֹ, וְיַעֲקֹב וּבָנָיו יָרְדוּ מִצְרָיִם.

בָּרוּךְ שׁוֹמֵר הַבְטָחָתוֹ לְיִשְׂרָאֵל, בָּרוּךְ הוּא, שֶׁהַקָּדוֹשׁ בָּרוּךְ הוּא חִשַּׁב אֶת הַקֵּץ לַעֲשׂוֹת, כְּמָה שֶּׁאָמַר לְאַבְרָהָם אָבִינוּ בִּבְרִית בֵּין הַבְּתָרִים, שֶׁנֶּאֱמַר, וַיֹּאמֶר לְאַבְרָם יָדֹעַ תֵּדַע כִּי גֵר יִהְיֶה זַרְעֲךָ בְּאֶרֶץ לֹא לָהֶם וַעֲבָדוּם וְעִנּוּ אֹתָם אַרְבַּע מֵאוֹת שָׁנָה. וְגַם אֶת הַגּוֹי אֲשֶׁר יַעֲבֹדוּ דָּן אָנֹכִי, וְאַחֲרֵי כֵן יֵצְאוּ בִּרְכֻשׁ גָּדוֹל.

Raise the wine cup and say:

וְהִיא שֶׁעָמְדָה לַאֲבוֹתֵינוּ וְלָנוּ, שֶׁלֹּא אֶחָד בִּלְבָד עָמַד עָלֵינוּ לְכַלּוֹתֵנוּ, אֶלָּא שֶׁבְּכָל דּוֹר וָדוֹר עוֹמְדִים עָלֵינוּ לְכַלּוֹתֵינוּ, וְהַקָּדוֹשׁ בָּרוּךְ הוּא מַצִּילֵנוּ מִיָּדָם.

Put down the wine cup.

theirs. They will be enslaved and be made to suffer for four hundred years. But I will punish the nation that enslaved them, and then your children will go free with great wealth'."

Raise the wine cup and say:

THIS promise has sustained our fathers and us. Because not only one enemy has risen up to destroy us, but in every generation men rise up and seek our destruction. But God saves us from them.

Put down the wine cup.

LET us learn what Laban tried to do to our forefather Jacob. The wicked Pharaoh decreed only against the Jewish newborn males, while Laban tried to destroy the whole Jewish nation by destroying Jacob. But Jacob left Laban and went down to Egypt with his family. In time his small family grew very large and they became a great people, the Jewish people.

JACOB went down to Egypt with seventy people. He meant to go there just for a short time. But soon the children of Israel multiplied and had large families. Indeed, there were so many Jews that the Egyptians became afraid and suspected us of possibly joining their enemies against them. So the Egyptians appointed slave drivers over us to make us suffer with hard work. We built the storage cities of Pithom and Raamses for Pharaoh.

WE cried out to the God of our fathers: And God heard our cry. He saw what the Egyptians had done to us. He saw our suffering and oppression.

WHAT does "We cried out to God" mean? It means, as the Torah says: "After a long time, the King of Egypt died, and the Jewish people were oppressed and groaned under the yoke of slavery. Their cries went up to God."

WHAT does "God heard our cry" mean? It means, as the Torah says: "And God heard our cries and remembered His covenant with Abraham, Isaac and Jacob."

צֵא וּלְמַד מַה בִּקֵּשׁ לָבָן הָאֲרַמִּי לַעֲשׂוֹת לְיַעֲקֹב אָבִינוּ שֶׁפַּרְעֹה לֹא גָזַר אֶלָּא עַל הַזְּכָרִים וְלָבָן בִּקֵּשׁ לַעֲקוֹר אֶת הַכֹּל שֶׁנֶּאֱמַר, אֲרַמִּי אֹבֵד אָבִי וַיֵּרֶד מִצְרַיְמָה וַיָּגָר שָׁם בִּמְתֵי מְעָט וַיְהִי שָׁם לְגוֹי גָּדוֹל עָצוּם וָרָב. וַיֵּרֶד מִצְרַיְמָה, אָנוּס עַל פִּי הַדִּבּוּר. וַיָּגָר שָׁם, מְלַמֵּד שֶׁלֹּא יָרַד יַעֲקֹב אָבִינוּ לְהִשְׁתַּקֵּעַ בְּמִצְרַיִם אֶלָּא לָגוּר שָׁם, שֶׁנֶּאֱמַר, וַיֹּאמְרוּ אֶל פַּרְעֹה לָגוּר בָּאָרֶץ בָּאנוּ כִּי אֵין מִרְעֶה לַצֹּאן אֲשֶׁר לַעֲבָדֶיךָ, כִּי כָבֵד הָרָעָב בְּאֶרֶץ כְּנָעַן, וְעַתָּה יֵשְׁבוּ נָא עֲבָדֶיךָ בְּאֶרֶץ גֹּשֶׁן.

בִּמְתֵי מְעָט כְּמָה שֶׁנֶּאֱמַר, בְּשִׁבְעִים נֶפֶשׁ יָרְדוּ אֲבוֹתֶיךָ מִצְרָיְמָה, וְעַתָּה שָׂמְךָ יי אֱלֹהֶיךָ כְּכוֹכְבֵי הַשָּׁמַיִם לָרוֹב.

וַיְהִי שָׁם לְגוֹי מְלַמֵּד שֶׁהָיוּ יִשְׂרָאֵל מְצֻיָּנִים שָׁם.

גָּדוֹל עָצוּם כְּמָה שֶׁנֶּאֱמַר, וּבְנֵי יִשְׂרָאֵל פָּרוּ וַיִּשְׁרְצוּ וַיִּרְבּוּ וַיַּעַצְמוּ בִּמְאֹד מְאֹד, וַתִּמָּלֵא הָאָרֶץ אֹתָם.

וָרָב כְּמָה שֶׁנֶּאֱמַר, רְבָבָה כְּצֶמַח הַשָּׂדֶה נְתַתִּיךְ וַתִּרְבִּי וַתִּגְדְּלִי וַתָּבֹאִי בַּעֲדִי עֲדָיִים, שָׁדַיִם נָכֹנוּ וּשְׂעָרֵךְ צִמֵּחַ וְאַתְּ עֵרֹם וְעֶרְיָה.

וָאֶעֱבוֹר עָלַיִךְ וָאֶרְאֵךְ מִתְבּוֹסֶסֶת בְּדָמָיִךְ וָאוֹמַר לָךְ בְּדָמַיִךְ חֲיִי וָאוֹמַר לָךְ בְּדָמַיִךְ חֲיִי.

וַיָּרֵעוּ אֹתָנוּ הַמִּצְרִים וַיְעַנּוּנוּ וַיִּתְּנוּ עָלֵינוּ עֲבוֹדָה קָשָׁה. וַיָּרֵעוּ אוֹתָנוּ הַמִּצְרִים כְּמָה שֶׁנֶּאֱמַר, הָבָה נִתְחַכְּמָה לוֹ פֶּן יִרְבֶּה וְהָיָה כִּי תִקְרֶאנָה מִלְחָמָה וְנוֹסַף גַּם הוּא עַל שֹׂנְאֵינוּ, וְנִלְחַם בָּנוּ וְעָלָה מִן הָאָרֶץ.

וַיְעַנּוּנוּ כְּמָה שֶׁנֶּאֱמַר וַיָּשִׂימוּ עָלָיו שָׂרֵי מִסִּים לְמַעַן עַנֹּתוֹ בְּסִבְלֹתָם, וַיִּבֶן עָרֵי מִסְכְּנוֹת לְפַרְעֹה אֶת פִּתֹם וְאֶת רַעַמְסֵס.

וַיִּתְּנוּ עָלֵינוּ עֲבוֹדָה קָשָׁה כְּמָה שֶׁנֶּאֱמַר, וַיַּעֲבִדוּ מִצְרַיִם אֶת בְּנֵי יִשְׂרָאֵל בְּפָרֶךְ.

וַנִּצְעַק אֶל יי אֱלֹהֵי אֲבוֹתֵינוּ וַיִּשְׁמַע יי אֶת קֹלֵנוּ, וַיַּרְא אֶת עָנְיֵנוּ וְאֶת עֲמָלֵנוּ וְאֶת לַחֲצֵנוּ.

Big Dipper
No Dipping
Onion Dip
Humus
Felafel
UH! OH!
Sheep Dip
Giant Radish Contest
No Dunking Allowed
No Dunking Allowed
Straight jacket
ATTENTION!
Posture Doctor
Sit up straight
Don't slouch
Find
UH! OH!
Elbow
Salt Shaker
Marror Sandwich
Needle
The Four Questions

Oops too much yeast!
Corn-on-the-cob
Hot Potatoes
Bean Soup
Fried Chicken
The Muffin Man
Donuts
Chili Mild Flavor
Matzah Menu
RADISH

WHAT does "He saw our suffering" mean? It means that God saw the Egyptians break up Jewish family life.

WHAT does "And Oppression" mean? It means that God saw how the Egyptians did not let the Jews relax for even a moment.

AND so God brought us out of Egypt. Not by an angel or a spirit or a messenger. It was God alone Who brought us out of Egypt with a strong hand, an outstretched arm, with miracles and wonders, as it is written: "I will make wonders in heaven and on earth. They are –

"Blood
and Fire
and Pillars of Smoke."

Spill a drop of wine out of the wine cup as each plague is read:

THESE are the plagues that God brought upon the Egyptians:

Blood

Frogs

Lice

Wild Beasts

Cattle Plague

Boils

Hail

Locusts

Darkness

Death of the First-born

וַנִּצְעַק אֶל יי אֱלֹהֵי אֲבוֹתֵינוּ כְּמָה שֶׁנֶּאֱמַר, וַיְהִי בַיָּמִים הָרַבִּים הָהֵם וַיָּמָת מֶלֶךְ מִצְרַיִם, וַיֵּאָנְחוּ בְנֵי יִשְׂרָאֵל מִן הָעֲבֹדָה וַיִּזְעָקוּ, וַתַּעַל שַׁוְעָתָם אֶל הָאֱלֹהִים מִן הָעֲבֹדָה.

וַיִּשְׁמַע יי אֶת קֹלֵנוּ כְּמָה שֶׁנֶּאֱמַר, וַיִּשְׁמַע אֱלֹהִים אֶת נַאֲקָתָם, וַיִּזְכֹּר אֱלֹהִים אֶת בְּרִיתוֹ אֶת אַבְרָהָם אֶת יִצְחָק וְאֶת יַעֲקֹב.

וַיַּרְא אֶת עָנְיֵנוּ זוֹ פְּרִישׁוּת דֶּרֶךְ אֶרֶץ כְּמָה שֶׁנֶּאֱמַר, וַיַּרְא אֱלֹהִים אֶת בְּנֵי יִשְׂרָאֵל וַיֵּדַע אֱלֹהִים. וְאֶת עֲמָלֵנוּ אֵלּוּ הַבָּנִים כְּמָה שֶׁנֶּאֱמַר, כָּל הַבֵּן הַיִּלּוֹד הַיְאֹרָה תַּשְׁלִיכוּהוּ וְכָל הַבַּת תְּחַיּוּן. וְאֶת לַחֲצֵנוּ זוֹ הַדְּחַק כְּמָה שֶׁנֶּאֱמַר, וְגַם רָאִיתִי אֶת הַלַּחַץ אֲשֶׁר מִצְרַיִם לֹחֲצִים אוֹתָם.

וַיּוֹצִאֵנוּ יי מִמִּצְרַיִם, בְּיָד חֲזָקָה, וּבִזְרֹעַ נְטוּיָה וּבְמֹרָא גָּדֹל, וּבְאֹתוֹת וּבְמוֹפְתִים.
וַיּוֹצִאֵנוּ יי מִמִּצְרַיִם לֹא עַל יְדֵי מַלְאָךְ וְלֹא עַל יְדֵי שָׂרָף וְלֹא עַל יְדֵי שָׁלִיחַ, אֶלָּא הַקָּדוֹשׁ בָּרוּךְ הוּא בִּכְבוֹדוֹ וּבְעַצְמוֹ, שֶׁנֶּאֱמַר, וְעָבַרְתִּי בְאֶרֶץ מִצְרַיִם בַּלַּיְלָה הַזֶּה וְהִכֵּיתִי כָל בְּכוֹר בְּאֶרֶץ מִצְרַיִם מֵאָדָם וְעַד בְּהֵמָה וּבְכָל אֱלֹהֵי מִצְרַיִם אֶעֱשֶׂה שְׁפָטִים אֲנִי יי.

וְעָבַרְתִּי בְאֶרֶץ מִצְרַיִם בַּלַּיְלָה הַזֶּה- אֲנִי וְלֹא מַלְאָךְ, וְהִכֵּיתִי כָל בְּכוֹר בְּאֶרֶץ מִצְרַיִם- אֲנִי וְלֹא שָׂרָף, וּבְכָל אֱלֹהֵי מִצְרַיִם אֶעֱשֶׂה שְׁפָטִים אֲנִי יי, אֲנִי הוּא וְלֹא הַשָּׁלִיחַ, אֲנִי יי אֲנִי הוּא וְלֹא אַחֵר.

בְּיָד חֲזָקָה זוֹ הַדֶּבֶר כְּמָה שֶׁנֶּאֱמַר, הִנֵּה יַד יי הוֹיָה בְּמִקְנְךָ אֲשֶׁר בַּשָּׂדֶה בַּסּוּסִים בַּחֲמֹרִים בַּגְּמַלִּים בַּבָּקָר וּבַצֹּאן דֶּבֶר כָּבֵד מְאֹד. וּבִזְרֹעַ נְטוּיָה זוֹ הַחֶרֶב כְּמָה שֶׁנֶּאֱמַר, וְחַרְבּוֹ שְׁלוּפָה בְּיָדוֹ נְטוּיָה עַל יְרוּשָׁלָיִם. וּבְמוֹרָא גָּדוֹל זוֹ גִּלּוּי שְׁכִינָה כְּמָה שֶׁנֶּאֱמַר, אוֹ הֲנִסָּה אֱלֹהִים לָבוֹא לָקַחַת לוֹ גוֹי מִקֶּרֶב גּוֹי בְּמַסֹּת בְּאֹתֹת, וּבְמוֹפְתִים וּבְמִלְחָמָה, וּבְיָד חֲזָקָה וּבִזְרוֹעַ נְטוּיָה, וּבְמוֹרָאִים גְּדוֹלִים, כְּכֹל אֲשֶׁר עָשָׂה לָכֶם יי אֱלֹהֵיכֶם בְּמִצְרַיִם לְעֵינֶיךָ. וּבְאֹתוֹת זֶה הַמַּטֶּה כְּמָה שֶׁנֶּאֱמַר,

Rabbi Yehudah used to express these plagues with an abbreviation:

DE'TZAKH ADASH BE'ACHAV

RABBI Yose from Galilee says: How do we know that after the ten plagues in Egypt God punished the Egyptians with fifty plagues at the Red Sea? About the plagues in Egypt the Torah says: "The magicians said to Pharaoh, 'it is the finger of God.'" However, when it comes to the Red Sea the Torah says: "The Jewish people saw the great hand that God laid upon the Egyptians, and they believed in God and in His servant Moses." If the Egyptians suffered ten plagues in Egypt from just God's finger; at the Red Sea, where they were struck with a whole hand, they must have endured fifty plagues.

RABBI Eliezer says: How do we know that every plague that God brought on the Egyptians in Egypt was as strong as four plagues? The Torah says: "God sent upon them His fierce anger, wrath, fury, trouble and a group of evil messengers." Each plague consisted of four parts: wrath, fury, trouble and a group of evil messengers. Thus, the ten plagues in Egypt became like forty plagues and the fifty plagues at the Sea became like two hundred plagues.

Dayenu

God has done so many good things for us!

If He had just taken us out of Egypt, and not punished the Egyptians – it would have been enough for us!

If He had only punished them, and not destroyed their idols – it would have been enough for us!

וְאֶת הַמַּטֶּה הַזֶּה תִּקַּח בְּיָדֶךָ אֲשֶׁר תַּעֲשֶׂה בּוֹ אֶת הָאֹתוֹת. וּבְמוֹפְתִים זֶה הַדָּם כְּמָה שֶׁנֶּאֱמַר, וְנָתַתִּי מוֹפְתִים בַּשָּׁמַיִם וּבָאָרֶץ

דָּם וָאֵשׁ וְתִמְרוֹת עָשָׁן:

דָּבָר אַחֵר בְּיָד חֲזָקָה שְׁתַּיִם, וּבִזְרוֹעַ נְטוּיָה שְׁתַּיִם, וּבְמוֹרָא גָּדוֹל שְׁתַּיִם, וּבְאוֹתוֹת שְׁתַּיִם, וּבְמוֹפְתִים שְׁתַּיִם.

Spill a drop of wine out of the wine cup as each plague is read:

אֵלּוּ עֶשֶׂר מַכּוֹת שֶׁהֵבִיא הַקָּדוֹשׁ בָּרוּךְ הוּא עַל הַמִּצְרִים בְּמִצְרַיִם, וְאֵלּוּ הֵן.

דָּם. צְפַרְדֵּעַ. כִּנִּים. עָרוֹב. דֶּבֶר. שְׁחִין. בָּרָד. אַרְבֶּה. חשֶׁךְ. מַכַּת בְּכוֹרוֹת:

רַבִּי יְהוּדָה הָיָה נוֹתֵן בָּהֶם סִמָּנִים.

דְּצַ"ךְ עֲדַ"שׁ בְּאַחַ"ב:

רַבִּי יוֹסֵי הַגְּלִילִי אוֹמֵר, מִנַּיִן אַתָּה אוֹמֵר שֶׁלָּקוּ הַמִּצְרִים בְּמִצְרַיִם עֶשֶׂר מַכּוֹת, וְעַל הַיָּם לָקוּ חֲמִשִּׁים מַכּוֹת? בְּמִצְרַיִם- מָה הוּא אוֹמֵר, וַיֹּאמְרוּ הַחַרְטֻמִּים אֶל פַּרְעֹה אֶצְבַּע אֱלֹהִים הִוא, וְעַל הַיָּם מָה הוּא אוֹמֵר, וַיַּרְא יִשְׂרָאֵל אֶת הַיָּד הַגְּדוֹלָה אֲשֶׁר עָשָׂה יי בְּמִצְרַיִם וַיִּירְאוּ הָעָם אֶת יי וַיַּאֲמִינוּ בַּיי וּבְמשֶׁה עַבְדּוֹ. כַּמָּה לָקוּ בְּאֶצְבַּע? עֶשֶׂר מַכּוֹת, אֱמוֹר מֵעַתָּה בְּמִצְרַיִם לָקוּ עֶשֶׂר מַכּוֹת, וְעַל הַיָּם לָקוּ חֲמִשִּׁים מַכּוֹת.

רַבִּי אֱלִיעֶזֶר אוֹמֵר, מִנַּיִן שֶׁכָּל מַכָּה וּמַכָּה שֶׁהֵבִיא הַקָּדוֹשׁ בָּרוּךְ הוּא עַל הַמִּצְרִים בְּמִצְרַיִם הָיְתָה שֶׁל אַרְבַּע מַכּוֹת? שֶׁנֶּאֱמַר, יְשַׁלַּח בָּם חֲרוֹן אַפּוֹ, עֶבְרָה וָזַעַם וְצָרָה מִשְׁלַחַת מַלְאֲכֵי רָעִים. עֶבְרָה אַחַת, וָזַעַם שְׁתַּיִם, וְצָרָה שָׁלשׁ, מִשְׁלַחַת מַלְאֲכֵי רָעִים אַרְבַּע. אֱמוֹר מֵעַתָּה בְּמִצְרַיִם לָקוּ אַרְבָּעִים מַכּוֹת, וְעַל הַיָּם לָקוּ מָאתַיִם מַכּוֹת.

What is this?
UH! OH!
What's this?
What's this?
Yes dear!
What's this?
What's this?
What is this?
What's this?
What is this?
What's this?
What is this?
What's this?
IT TAKES ALL KINDS
Find
UH! OH!
Tefillin
Frog
Stick
Lamb
The Four Sons

ADVANCED
B
C
Say something! Anything!
What's this?
What is this?
What's this?
CLOTHE THE POOR
What's this?
What's this?
What's this?
MANAGER

If He had just destroyed their idols, and not killed their firstborn – it would have been enough for us!

If He had only killed their firstborn, and not given us their treasures – it would have been enough for us!

If He had just given us their treasures, and not split the Red Sea – it would have been enough for us!

If He had only split the Red Sea, and not led us across on dry land – it would have been enough for us!

If He had just led us across on dry land, and not drowned our enemies in the Sea – it would have been enough for us!

If He had only drowned our enemies in the Sea, and not taken care of us in the desert for forty years – it would have been enough for us!

If He had just taken care of us in the desert for forty years, and not fed us manna – it would have been enough for us!

If He had only fed us manna, and not given us the Shabbat – it would have been enough for us!

If He just given us the Shabbat, and not brought us to Mt. Sinai – it would have been enough for us!

If He had only brought us to Mt. Sinai, and not given us the Torah – it would have been enough for us!

If He had just given us the Torah, and not brought us to the Land of Israel – it would have been enough for us!

If He had only brought us to the Land of Israel, and not built the Holy Temple – it would have been enough for us!

THEREFORE, since God has done so many wonderful things for us, we should be grateful to Him, over and over again. For He brought us out of Egypt, and punished the Egyptians; He destroyed their idols and killed their firstborn; He gave us the Egyptians' wealth and split the Red Sea for us; He

רַבִּי עֲקִיבָא אוֹמֵר, מִנַּיִן שֶׁכָּל מַכָּה וּמַכָּה שֶׁהֵבִיא הַקָּדוֹשׁ בָּרוּךְ הוּא עַל הַמִּצְרִים בְּמִצְרַיִם הָיְתָה שֶׁל חָמֵשׁ מַכּוֹת? שֶׁנֶּאֱמַר, יְשַׁלַּח בָּם חֲרוֹן אַפּוֹ עֶבְרָה וָזַעַם וְצָרָה מִשְׁלַחַת מַלְאֲכֵי רָעִים; חֲרוֹן אַפּוֹ אַחַת, עֶבְרָה שְׁתַּיִם, וָזַעַם שָׁלֹשׁ, וְצָרָה אַרְבַּע, מִשְׁלַחַת מַלְאֲכֵי רָעִים חָמֵשׁ. אֱמוֹר מֵעַתָּה בְּמִצְרַיִם לָקוּ חֲמִשִּׁים מַכּוֹת, וְעַל הַיָּם לָקוּ חֲמִשִּׁים וּמָאתַיִם מַכּוֹת.

כַּמָּה מַעֲלוֹת טוֹבוֹת לַמָּקוֹם עָלֵינוּ.

אִלּוּ הוֹצִיאָנוּ מִמִּצְרַיִם וְלֹא עָשָׂה בָהֶם שְׁפָטִים דַּיֵּנוּ.

אִלּוּ עָשָׂה בָהֶם שְׁפָטִים וְלֹא עָשָׂה בֵאלֹהֵיהֶם דַּיֵּנוּ.

אִלּוּ עָשָׂה בֵאלֹהֵיהֶם וְלֹא הָרַג אֶת בְּכוֹרֵיהֶם דַּיֵּנוּ.

אִלּוּ הָרַג אֶת בְּכוֹרֵיהֶם

וְלֹא נָתַן לָנוּ אֶת מָמוֹנָם דַּיֵּנוּ.

אִלּוּ נָתַן לָנוּ אֶת מָמוֹנָם וְלֹא קָרַע לָנוּ אֶת הַיָּם דַּיֵּנוּ.

אִלּוּ קָרַע לָנוּ אֶת הַיָּם

וְלֹא הֶעֱבִירָנוּ בְתוֹכוֹ בֶּחָרָבָה דַּיֵּנוּ.

אִלּוּ הֶעֱבִירָנוּ בְתוֹכוֹ בֶּחָרָבָה

וְלֹא שִׁקַּע צָרֵינוּ בְּתוֹכוֹ דַּיֵּנוּ.

אִלּוּ שִׁקַּע צָרֵינוּ בְּתוֹכוֹ

וְלֹא סִפֵּק צָרְכֵּנוּ בַּמִּדְבָּר אַרְבָּעִים שָׁנָה דַּיֵּנוּ.

אִלּוּ סִפֵּק צָרְכֵּנוּ בַּמִּדְבָּר אַרְבָּעִים שָׁנָה

וְלֹא הֶאֱכִילָנוּ אֶת הַמָּן דַּיֵּנוּ.

אִלּוּ הֶאֱכִילָנוּ אֶת הַמָּן

וְלֹא נָתַן לָנוּ אֶת הַשַּׁבָּת דַּיֵּנוּ.

אִלּוּ נָתַן לָנוּ אֶת הַשַּׁבָּת

וְלֹא קֵרְבָנוּ לִפְנֵי הַר סִינַי דַּיֵּנוּ.

אִלּוּ קֵרְבָנוּ לִפְנֵי הַר סִינַי

וְלֹא נָתַן לָנוּ אֶת הַתּוֹרָה דַּיֵּנוּ.

אִלּוּ נָתַן לָנוּ אֶת הַתּוֹרָה

וְלֹא הִכְנִיסָנוּ לְאֶרֶץ יִשְׂרָאֵל דַּיֵּנוּ.

אִלּוּ הִכְנִיסָנוּ לְאֶרֶץ יִשְׂרָאֵל

וְלֹא בָנָה לָנוּ אֶת בֵּית הַבְּחִירָה דַּיֵּנוּ.

עַל אַחַת כַּמָּה וְכַמָּה טוֹבָה כְפוּלָה וּמְכֻפֶּלֶת לַמָּקוֹם עָלֵינוּ, שֶׁהוֹצִיאָנוּ מִמִּצְרַיִם, וְעָשָׂה בָהֶם שְׁפָטִים,

led us through the Sea on dry land but drowned our enemies in it; He protected us in the desert for forty years, and fed us with manna; He gave us the Shabbat, and brought us to Mt. Sinai; He gave us the Torah, and brought us to the Land of Israel; and He built the Holy Temple for us to serve Him.

RABBI Gamliel used to say that anyone who does not discuss these three things on Passover, has not performed the Seder properly:

Pesach, Matzah and Marror.

PESACH: Why was the Passover Lamb eaten at the time of the Holy Temple? To remind us of the time when God went from house to house to kill the Egyptian firstborn, but passed over the homes of the Jews. Thus the name Passover.

MATZAH: Why do we eat this unleavened bread? Because when God took us out of Egypt, He took us out so quickly there was no time for the dough we prepared, to rise.

MARROR: Why do we eat bitter herbs? Because the Egyptians made our lives bitter with backbreaking slavery.

In every generation each person should feel as if he personally had been taken out of Egypt. The Torah says: "You should tell your child on that day, 'When I left Egypt, God did miracles for me because of these commandments.'"

It was not only our ancestors, whom God saved, but also us along with them. As the Torah says: "And He took us out from Egypt, in order to bring us to the Land of Israel that He promised to our ancestors."

Cover the matzot and raise the cup of wine.

THEREFORE, it is our duty to give every kind of praise and blessing to the One Who did all these miracles for our ancestors and for us. He brought us out from slavery to freedom, from sadness to happiness, from mourning to celebration, from darkness to great light, and from captivity to redemption! Let us sing a new song to Him. Halleluyah!

21

וְעָשָׂה בֵאלֹהֵיהֶם, וְהָרַג אֶת בְּכוֹרֵיהֶם, וְנָתַן לָנוּ אֶת מָמוֹנָם, וְקָרַע לָנוּ אֶת הַיָּם, וְהֶעֱבִירָנוּ בְּתוֹכוֹ בֶּחָרָבָה, וְשִׁקַּע צָרֵינוּ בְּתוֹכוֹ, וְסִפֵּק צָרְכֵּנוּ בַּמִּדְבָּר אַרְבָּעִים שָׁנָה, וְהֶאֱכִילָנוּ אֶת הַמָּן, וְנָתַן לָנוּ אֶת הַשַּׁבָּת, וְקֵרְבָנוּ לִפְנֵי הַר סִינַי, וְנָתַן לָנוּ אֶת הַתּוֹרָה, וְהִכְנִיסָנוּ לְאֶרֶץ יִשְׂרָאֵל, וּבָנָה לָנוּ אֶת בֵּית הַבְּחִירָה, לְכַפֵּר עַל כָּל עֲוֹנוֹתֵינוּ.

רַבָּן גַּמְלִיאֵל הָיָה אוֹמֵר, כָּל שֶׁלֹּא אָמַר שְׁלֹשָׁה דְבָרִים אֵלּוּ בַּפֶּסַח לֹא יָצָא יְדֵי חוֹבָתוֹ. וְאֵלּוּ הֵן.

פֶּסַח מַצָּה וּמָרוֹר

פֶּסַח שֶׁהָיוּ אֲבוֹתֵינוּ אוֹכְלִים בִּזְמַן שֶׁבֵּית הַמִּקְדָּשׁ קַיָּם עַל שׁוּם מָה, עַל שׁוּם שֶׁפָּסַח הַקָּדוֹשׁ בָּרוּךְ הוּא עַל בָּתֵּי אֲבוֹתֵינוּ בְּמִצְרַיִם. שֶׁנֶּאֱמַר. וַאֲמַרְתֶּם זֶבַח פֶּסַח הוּא לַיי אֲשֶׁר פָּסַח עַל בָּתֵּי בְנֵי יִשְׂרָאֵל בְּמִצְרַיִם בְּנָגְפּוֹ אֶת מִצְרַיִם וְאֶת בָּתֵּינוּ הִצִּיל וַיִּקֹּד הָעָם וַיִּשְׁתַּחֲווּ.

מַצָּה זוֹ שֶׁאָנוּ אוֹכְלִים עַל שׁוּם מָה, עַל שׁוּם שֶׁלֹּא הִסְפִּיק בְּצֵקָם שֶׁל אֲבוֹתֵינוּ לְהַחֲמִיץ עַד שֶׁנִּגְלָה עֲלֵיהֶם מֶלֶךְ מַלְכֵי הַמְּלָכִים הַקָּדוֹשׁ בָּרוּךְ הוּא וּגְאָלָם, שֶׁנֶּאֱמַר, וַיֹּאפוּ אֶת הַבָּצֵק אֲשֶׁר הוֹצִיאוּ מִמִּצְרַיִם עֻגֹת מַצּוֹת כִּי לֹא חָמֵץ, כִּי גֹרְשׁוּ מִמִּצְרַיִם וְלֹא יָכְלוּ לְהִתְמַהְמֵהַּ, וְגַם צֵדָה לֹא עָשׂוּ לָהֶם.

מָרוֹר זֶה שֶׁאָנוּ אוֹכְלִים, עַל שׁוּם מָה, עַל שׁוּם שֶׁמֵּרְרוּ הַמִּצְרִים אֶת חַיֵּי אֲבוֹתֵינוּ בְּמִצְרָיִם. שֶׁנֶּאֱמַר. וַיְמָרְרוּ אֶת חַיֵּיהֶם בַּעֲבוֹדָה קָשָׁה, בְּחֹמֶר וּבִלְבֵנִים וּבְכָל עֲבוֹדָה בַּשָּׂדֶה, אֵת כָּל עֲבֹדָתָם אֲשֶׁר עָבְדוּ בָהֶם בְּפָרֶךְ.

בְּכָל דּוֹר וָדוֹר חַיָּב אָדָם לִרְאוֹת אֶת עַצְמוֹ כְּאִלּוּ הוּא יָצָא מִמִּצְרַיִם שֶׁנֶּאֱמַר, וְהִגַּדְתָּ לְבִנְךָ בַּיּוֹם הַהוּא לֵאמֹר, בַּעֲבוּר זֶה עָשָׂה יי לִי בְּצֵאתִי מִמִּצְרַיִם. שֶׁלֹּא אֶת אֲבוֹתֵינוּ בִּלְבַד גָּאַל הַקָּדוֹשׁ בָּרוּךְ הוּא, אֶלָּא אַף אוֹתָנוּ גָּאַל עִמָּהֶם שֶׁנֶּאֱמַר, וְאוֹתָנוּ הוֹצִיא

MAN'S INVASION PLAN
Confidential Report
Authorized Personnel Only
N
W
E
S
Instructions: Pour poison directly into water supply. Wait one hour.
1
2
CROAK
3
4
OPERATION EXODUS
Let My People Go
5
Cholent
EGYPT
6
7
8
9
Jail
Courthouse
10
Find
UH! OH!
Swatter
Shofar
Hailstone
Gas Mask
The Ten Plagues
Compare how Man might have handled Operation Exodus with the way God handled it.
TOPEST SECRET
FROM THE HIGH COMMAND
100% Kosher Papyrus

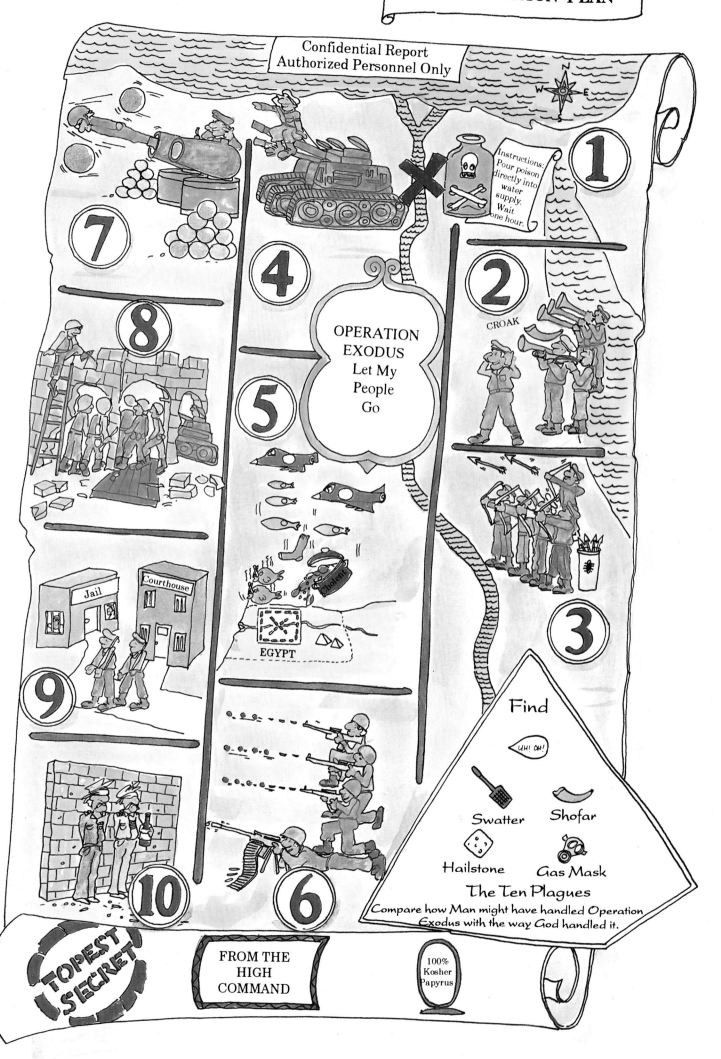

GOD'S INVASION PLAN
9
1
10
UH! OH!
CROAK
CROAK
8
CROAK
CROAK
2
Ribbit!
Ribbit!
CROAK
CROAK
3
Let my people go
7
4
6
5
VET

Put the wine cup down.

HALLELUYAH! Give praise, you servants of God, to His Name. May His Name be blessed forever. From morning to night His Name is praised. He is above all the nations, His glory is above heaven. Yet He lowers Himself to pick up a poor person from the dust, to help a needy person. He seats the poor person with royalty. He transforms a childless woman into a happy mother of children. Halleluyah!

WHEN Israel came out of Egypt, the Jews became God's holy people. Israel became His nation. The Red Sea split for them. The Jordan River let them pass into the Land of Israel. At the giving of the Torah, the mountains danced. Why did this happen? It is because the whole world trembles before God. When Israel needs water, He turns a rock into a pool of water, bedrock into a fountain of water!

Raise the wine cup and say the blessing over the second cup of wine.

BLESSED are You, Lord our God, King of the universe, Who has redeemed us and our fathers from Egypt and made it possible for us to reach this night to eat matzah and marror. Make it possible for us to celebrate future holidays, in peace, and to rejoice in the rebuilding of Your Holy Temple where we can serve You and offer a new song of praise, to please You, for our redemption and ultimate freedom. Blessed are You, Lord our God, Who has freed Israel.

מִשָּׁם לְמַעַן הָבִיא אֹתָנוּ לָתֶת לָנוּ אֶת הָאָרֶץ אֲשֶׁר נִשְׁבַּע לַאֲבוֹתֵינוּ.

Cover the matzot and raise the cup of wine.

לְפִיכָךְ אֲנַחְנוּ חַיָּבִים לְהוֹדוֹת, לְהַלֵּל, לְשַׁבֵּחַ, לְפָאֵר, לְרוֹמֵם, לְהַדֵּר, לְבָרֵךְ, לְעַלֵּה וּלְקַלֵּס לְמִי שֶׁעָשָׂה לַאֲבוֹתֵינוּ וְלָנוּ אֶת כָּל הַנִּסִּים הָאֵלּוּ. הוֹצִיאָנוּ מֵעַבְדוּת לְחֵרוּת, מִיָּגוֹן לְשִׂמְחָה, מֵאֵבֶל לְיוֹם טוֹב, וּמֵאֲפֵלָה לְאוֹר גָּדוֹל וּמִשִּׁעְבּוּד לִגְאֻלָּה. וְנֹאמַר לְפָנָיו שִׁירָה חֲדָשָׁה הַלְלוּיָהּ.

Put the wine cup down.

הַלְלוּיָהּ, הַלְלוּ עַבְדֵי יי, הַלְלוּ אֶת־שֵׁם יי. יְהִי שֵׁם יי מְבֹרָךְ, מֵעַתָּה וְעַד עוֹלָם. מִמִּזְרַח־שֶׁמֶשׁ עַד־מְבוֹאוֹ, מְהֻלָּל שֵׁם יי. רָם עַל־כָּל־גּוֹיִם יי, עַל הַשָּׁמַיִם כְּבוֹדוֹ. מִי כַּיי אֱלֹהֵינוּ, הַמַּגְבִּיהִי לָשָׁבֶת. הַמַּשְׁפִּילִי לִרְאוֹת, בַּשָּׁמַיִם וּבָאָרֶץ. מְקִימִי מֵעָפָר דָּל, מֵאַשְׁפֹּת יָרִים אֶבְיוֹן. לְהוֹשִׁיבִי עִם־נְדִיבִים, עִם נְדִיבֵי עַמּוֹ. מוֹשִׁיבִי עֲקֶרֶת הַבַּיִת, אֵם הַבָּנִים שְׂמֵחָה הַלְלוּיָהּ.

בְּצֵאת יִשְׂרָאֵל מִמִּצְרָיִם, בֵּית יַעֲקֹב מֵעַם לֹעֵז. הָיְתָה יְהוּדָה לְקָדְשׁוֹ, יִשְׂרָאֵל מַמְשְׁלוֹתָיו. הַיָּם רָאָה וַיָּנֹס, הַיַּרְדֵּן יִסֹּב לְאָחוֹר. הֶהָרִים רָקְדוּ כְאֵילִים, גְּבָעוֹת כִּבְנֵי־צֹאן. מַה־לְּךָ הַיָּם כִּי תָנוּס, הַיַּרְדֵּן תִּסֹּב לְאָחוֹר. הֶהָרִים תִּרְקְדוּ כְאֵילִים, גְּבָעוֹת כִּבְנֵי־צֹאן. מִלִּפְנֵי אָדוֹן חוּלִי אָרֶץ, מִלִּפְנֵי אֱלוֹהַּ יַעֲקֹב. הַהֹפְכִי הַצּוּר אֲגַם־מָיִם, חַלָּמִישׁ לְמַעְיְנוֹ־מָיִם.

Raise the wine cup and say the blessing over the second cup of wine.

בָּרוּךְ אַתָּה יי אֱלֹהֵינוּ מֶלֶךְ הָעוֹלָם, אֲשֶׁר גְּאָלָנוּ וְגָאַל אֶת אֲבוֹתֵינוּ מִמִּצְרַיִם וְהִגִּיעָנוּ הַלַּיְלָה הַזֶּה לֶאֱכָל בּוֹ מַצָּה וּמָרוֹר. כֵּן יי אֱלֹהֵינוּ וֵאלֹהֵי אֲבוֹתֵינוּ יַגִּיעֵנוּ לְמוֹעֲדִים וְלִרְגָלִים אֲחֵרִים הַבָּאִים לִקְרָאתֵנוּ לְשָׁלוֹם. שְׂמֵחִים בְּבִנְיַן עִירֶךָ וְשָׂשִׂים בַּעֲבוֹדָתֶךָ. וְנֹאכַל שָׁם מִן הַזְּבָחִים וּמִן הַפְּסָחִים (במוצ"ש אומרים:

BLESSED are You, Lord our God, King of the universe, Who creates the fruit of the grape-vine.

Drink the second cup of wine while leaning to your left side.

RACHTZAH - Washing the hands

Wash your hands, pouring water twice over first your right and then your left hand. Recite the following blessing:

BLESSED are You, Lord our God, King of the universe, Who has made us holy with His commandments and commanded us to wash our hands.

MOTZIE MATZAH - Blessing and eating the matzah

Say the following blessing holding all three matzot.

BLESSED are You, Lord our God, King of the universe, Who brings bread out of the earth.

Put down the lower matzah. Say the following blessing holding only the top and middle matzot.

BLESSED are You, Lord our God, King of the universe, Who made us holy with His commandments and commanded us to eat matzah.

Eat a piece from both the top and middle matzot while leaning.

MARROR - Bitter herbs

Dip the marror into the charoset, say the blessing, and eat it without leaning.

BLESSED are You, Lord our God, King of the universe, Who has made us holy with His commandments and commanded us to eat marror.

KORECH - Hillel's sandwich

Use the bottom matzah plus some additional matzah to make a sandwich with marror, and dip it into the charoset. Recite the following paragraph, then eat the sandwich while leaning.

TO remind us of the Holy Temple, we do what our sage, Hillel, did during the times of the Temple. He combined matzah and marror and ate them in a sandwich to fulfill what is written in the Torah: "You should eat the Passover sacrifice with matzah and bitter herbs."

מִן הַפְּסָחִים וּמִן הַזְּבָחִים) אֲשֶׁר יַגִּיעַ דָּמָם עַל קִיר מִזְבַּחֲךָ לְרָצוֹן וְנוֹדֶה לְּךָ שִׁיר חָדָשׁ עַל גְּאֻלָּתֵנוּ וְעַל פְּדוּת נַפְשֵׁנוּ. בָּרוּךְ אַתָּה יי, גָּאַל יִשְׂרָאֵל.

כוס שני

בָּרוּךְ אַתָּה יי אֱלֹהֵינוּ מֶלֶךְ הָעוֹלָם, בּוֹרֵא פְּרִי הַגָּפֶן.

Drink the second cup of wine while leaning to your left side.

רָחְצָה

Wash your hands, pouring water twice over first your right and then your left hand. Recite the following blessing:

בָּרוּךְ אַתָּה יי אֱלֹהֵינוּ מֶלֶךְ הָעוֹלָם, אֲשֶׁר קִדְּשָׁנוּ בְּמִצְוֹתָיו וְצִוָּנוּ עַל נְטִילַת יָדָיִם.

מוֹצִיא מַצָּה

Say the following blessing holding all three matzot.

בָּרוּךְ אַתָּה יי אֱלֹהֵינוּ מֶלֶךְ הָעוֹלָם, הַמּוֹצִיא לֶחֶם מִן הָאָרֶץ.

Put down the lower matzah. Say the following blessing holding only the top and middle matzot.

בָּרוּךְ אַתָּה יי אֱלֹהֵינוּ מֶלֶךְ הָעוֹלָם, אֲשֶׁר קִדְּשָׁנוּ בְּמִצְוֹתָיו וְצִוָּנוּ עַל אֲכִילַת מַצָּה.

Eat a piece from both the top and middle matzot while leaning.

מָרוֹר

Dip the marror into the charoset, say the blessing, and eat it without leaning.

בָּרוּךְ אַתָּה יי אֱלֹהֵינוּ מֶלֶךְ הָעוֹלָם,
אֲשֶׁר קִדְּשָׁנוּ בְּמִצְוֹתָיו וְצִוָּנוּ עַל אֲכִילַת מָרוֹר.

כּוֹרֵךְ

Use the bottom matzah plus some additional matzah to make a sandwich with marror, and dip it into the charoset. Recite the following paragraph, then eat the sandwich while leaning.

זֵכֶר לְמִקְדָּשׁ כְּהִלֵּל. כֵּן עָשָׂה הִלֵּל בִּזְמַן שֶׁבֵּית הַמִּקְדָּשׁ הָיָה קַיָּם. הָיָה כּוֹרֵךְ מַצָּה וּמָרוֹר וְאוֹכֵל בְּיַחַד, לְקַיֵּם מַה שֶּׁנֶּאֱמַר: עַל מַצּוֹת וּמְרוֹרִים יֹאכְלוּהוּ.

שֻׁלְחָן עוֹרֵךְ

The meal is served. Don't eat too much, leave enough room for the Afikoman!

VERY
FREEDOM
דינו
Welcome to the Promised Land
דינו
UH! OH!
דינו
דינו
Food for Thought
39 Flavors Manna
דינו
The Promised Land
דינו
Shabbat Island
Find
UH! OH!
Knapsack
Periscope
Lightning Bolt
Manna on a stick
Dayenu
God has done so many good things for us.

דינו
דינו
Exodus
דינו
JOSEPH
דינו
Free! Free!
דינו
No! No! We won't go

SHULCHAN ORECH - Festive meal

The meal is served. Don't eat too much, leave enough room for the Afikoman!

TZAFUN - Eating the Afikoman

Each person should eat a piece of the Afikoman plus some extra matzah. Eat it while leaning to your left, and preferably before midnight.

BARECH - Grace after meals

Fill the third cup.

The leader of the Seder says:
Gentlemen, let us say grace.
The guests respond:
Blessed be the name of the Lord now and forever.
The leader repeats the preceding verse and continues:
With your permission, let us now bless God, whose food we have eaten.
Guests respond:
Blessed is God Whose food we have eaten and through Whose goodness we live.
The leader repeats the preceding verse and continues:
Blessed is God and blessed be His name.

BLESSED are You, Lord our God, King of the universe, Who nourishes the whole world with goodness, kindness and mercy. You give food to all creatures, for Your kindness endures forever. Because of Your great kindness we have never lacked food; may we never lack food. You are the God Who sustains all, does good for all and provides food for all the creatures You have created. Blessed are You, Lord our God, Who sustains all.

WE thank You, Lord our God, for having given the land of Israel; a beautiful and good land to our fathers as a heritage; for having taken us out from the land of Egypt and for having redeemed us from slavery; for the mitzvah of circumcision; for the Torah that You have taught us; for the laws You have made known to us; for the life, kindness and mercy You have granted us; and for the food that You provide us with at all times.

צפון

Each person should eat a piece of the Afikoman plus some extra matzah. Eat it while leaning to your left, and preferably before midnight.

בָּרֵךְ

Fill the third cup.

שִׁיר הַמַּעֲלוֹת, בְּשׁוּב יי אֶת שִׁיבַת צִיּוֹן, הָיִינוּ כְּחֹלְמִים:
אָז יִמָּלֵא שְׂחוֹק פִּינוּ וּלְשׁוֹנֵנוּ רִנָּה, אָז יֹאמְרוּ בַגּוֹיִם,
הִגְדִּיל יי לַעֲשׂוֹת עִם-אֵלֶּה: הִגְדִּיל יי לַעֲשׂוֹת עִמָּנוּ,
הָיִינוּ שְׂמֵחִים: שׁוּבָה יי אֶת שְׁבִיתֵנוּ, כַּאֲפִיקִים בַּנֶּגֶב:
הַזֹּרְעִים בְּדִמְעָה בְּרִנָּה יִקְצֹרוּ: הָלוֹךְ יֵלֵךְ וּבָכֹה נֹשֵׂא
מֶשֶׁךְ הַזָּרַע, בֹּא יָבֹא בְרִנָּה, נֹשֵׂא אֲלֻמֹּתָיו:

רַבּוֹתַי, נְבָרֵךְ.
יְהִי שֵׁם יי מְבֹרָךְ מֵעַתָּה וְעַד עוֹלָם.
יְהִי שֵׁם יי מְבֹרָךְ מֵעַתָּה וְעַד עוֹלָם.
בִּרְשׁוּת מָרָנָן וְרַבָּנָן וְרַבּוֹתַי נְבָרֵךְ (אֱלֹהֵינוּ) שֶׁאָכַלְנוּ מִשֶּׁלּוֹ.
בָּרוּךְ (אֱלֹהֵינוּ) שֶׁאָכַלְנוּ מִשֶּׁלּוֹ וּבְטוּבוֹ חָיִינוּ.
בָּרוּךְ (אֱלֹהֵינוּ) שֶׁאָכַלְנוּ מִשֶּׁלּוֹ וּבְטוּבוֹ חָיִינוּ.

בָּרוּךְ אַתָּה יי אֱלֹהֵינוּ מֶלֶךְ הָעוֹלָם, הַזָּן אֶת הָעוֹלָם כֻּלּוֹ בְּטוּבוֹ, בְּחֵן בְּחֶסֶד וּבְרַחֲמִים, הוּא נוֹתֵן לֶחֶם לְכָל בָּשָׂר כִּי לְעוֹלָם חַסְדּוֹ. וּבְטוּבוֹ הַגָּדוֹל, תָּמִיד לֹא חָסַר לָנוּ, וְאַל יֶחְסַר לָנוּ מָזוֹן לְעוֹלָם וָעֶד, בַּעֲבוּר שְׁמוֹ הַגָּדוֹל, כִּי הוּא אֵל זָן וּמְפַרְנֵס לַכֹּל וּמֵטִיב לַכֹּל, וּמֵכִין מָזוֹן לְכָל בְּרִיּוֹתָיו אֲשֶׁר בָּרָא.
בָּרוּךְ אַתָּה יי, הַזָּן אֶת הַכֹּל.

נוֹדֶה לְךָ יי אֱלֹהֵינוּ עַל שֶׁהִנְחַלְתָּ לַאֲבוֹתֵינוּ, אֶרֶץ חֶמְדָּה טוֹבָה וּרְחָבָה, וְעַל שֶׁהוֹצֵאתָנוּ יי אֱלֹהֵינוּ מֵאֶרֶץ מִצְרַיִם, וּפְדִיתָנוּ מִבֵּית עֲבָדִים, וְעַל בְּרִיתְךָ שֶׁחָתַמְתָּ בִּבְשָׂרֵנוּ, וְעַל תּוֹרָתְךָ שֶׁלִּמַּדְתָּנוּ, וְעַל חֻקֶּיךָ שֶׁהוֹדַעְתָּנוּ, וְעַל חַיִּים חֵן וָחֶסֶד שֶׁחוֹנַנְתָּנוּ, וְעַל אֲכִילַת מָזוֹן שָׁאַתָּה זָן וּמְפַרְנֵס אוֹתָנוּ תָּמִיד, בְּכָל יוֹם וּבְכָל עֵת וּבְכָל שָׁעָה.

FOR everything, Lord our God, we thank You and bless You. May Your name constantly be blessed, forever. As it is written; "After you have eaten and are satisfied, you shall bless the Lord your God for the good land He has given you." Blessed are You, Lord our God, for the land and the food.

HAVE mercy, Lord our God, on Israel Your people, on Jerusalem Your city, on the Temple Mount, the place of Your glory, on the kingdom of the family of David, Your anointed one, and on the great and holy Temple that bears Your name. Our God, Our Father, take care of us and feed us, support us, supply our needs and make our lives easier. God, give us swift relief from our troubles. Please, God, do not make us rely on gifts and loans from other people, but let us receive all our needs from Your full, open and generous hand, so that we won't feel shame or embarrassment.

On Shabbat, add the following paragraph:

(Strengthen us with Your commandments, Lord our God, and with the commandment of the holy Shabbat. To You, the Shabbat is a great and holy day, to rest and refrain from work, according to Your will. May it be Your will, Lord our God, that there be no sadness and grief on our day of rest. Allow us to see Zion, Your city, comforted, and Jerusalem, Your holy city, rebuilt, because You alone help us and give us comfort.)

OUR God and God of our fathers, let the remembrance of Your people rise up before You, reach You, be heard and acceptable before You for deliverance, kindness, love and mercy on this day of the Feast of Matzot.

REMEMBER us this day, Lord our God, for goodness; consider us for blessing; save us for life. Have pity on us and save us, for we look up to You because You are the kind and merciful God.

REBUILD Jerusalem the Holy City, quickly in our lifetime. Blessed are You, Lord our God, Who rebuilds Jerusalem in mercy. Amen.

BLESSED are You, Lord our God, King of the universe. You are our Father, our King and Master, our Creator, our Redeemer, Our Maker, the Holy

וְעַל הַכֹּל יי אֱלֹהֵינוּ אֲנַחְנוּ מוֹדִים לָךְ, וּמְבָרְכִים אוֹתָךְ, יִתְבָּרַךְ שִׁמְךָ בְּפִי כָּל חַי תָּמִיד לְעוֹלָם וָעֶד, כַּכָּתוּב, וְאָכַלְתָּ וְשָׂבָעְתָּ, וּבֵרַכְתָּ אֶת יי אֱלֹהֶיךָ עַל הָאָרֶץ הַטֹּבָה אֲשֶׁר נָתַן לָךְ. בָּרוּךְ אַתָּה יי, עַל הָאָרֶץ וְעַל הַמָּזוֹן.

רַחֶם נָא יי אֱלֹהֵינוּ, עַל יִשְׂרָאֵל עַמֶּךָ, וְעַל יְרוּשָׁלַיִם עִירֶךָ, וְעַל צִיּוֹן מִשְׁכַּן כְּבוֹדֶךָ, וְעַל מַלְכוּת בֵּית דָּוִד מְשִׁיחֶךָ, וְעַל הַבַּיִת הַגָּדוֹל וְהַקָּדוֹשׁ שֶׁנִּקְרָא שִׁמְךָ עָלָיו. אֱלֹהֵינוּ, אָבִינוּ, רְעֵנוּ, זוּנֵנוּ, פַּרְנְסֵנוּ, וְכַלְכְּלֵנוּ, וְהַרְוִיחֵנוּ, וְהַרְוַח לָנוּ יי אֱלֹהֵינוּ מְהֵרָה מִכָּל צָרוֹתֵינוּ. וְנָא, אַל תַּצְרִיכֵנוּ יי אֱלֹהֵינוּ, לֹא לִידֵי מַתְּנַת בָּשָׂר וָדָם וְלֹא לִידֵי הַלְוָאָתָם. כִּי אִם לְיָדְךָ הַמְּלֵאָה, הַפְּתוּחָה, הַקְּדוֹשָׁה וְהָרְחָבָה, שֶׁלֹּא נֵבוֹשׁ וְלֹא נִכָּלֵם לְעוֹלָם וָעֶד.

בשבת מוסיפים:

רְצֵה וְהַחֲלִיצֵנוּ יְיָ אֱלֹהֵינוּ בְּמִצְוֹתֶיךָ וּבְמִצְוַת יוֹם הַשְּׁבִיעִי, הַשַּׁבָּת הַגָּדוֹל וְהַקָּדוֹשׁ הַזֶּה. כִּי יוֹם זֶה גָּדוֹל וְקָדוֹשׁ הוּא לְפָנֶיךָ, לִשְׁבָּת בּוֹ וְלָנוּחַ בּוֹ בְּאַהֲבָה כְּמִצְוַת רְצוֹנֶךָ, וּבִרְצוֹנְךָ הָנִיחַ לָנוּ יְיָ אֱלֹהֵינוּ, שֶׁלֹּא תְהֵא צָרָה וְיָגוֹן וַאֲנָחָה בְּיוֹם מְנוּחָתֵנוּ. וְהַרְאֵנוּ יְיָ אֱלֹהֵינוּ בְּנֶחָמַת צִיּוֹן עִירֶךָ, וּבְבִנְיַן יְרוּשָׁלַיִם עִיר קָדְשֶׁךָ, כִּי אַתָּה הוּא בַּעַל הַיְשׁוּעוֹת וּבַעַל הַנֶּחָמוֹת.

אֱלֹהֵינוּ וֵאלֹהֵי אֲבוֹתֵינוּ, יַעֲלֶה וְיָבֹא וְיַגִּיעַ, וְיֵרָאֶה וְיֵרָצֶה וְיִשָּׁמַע, וְיִפָּקֵד וְיִזָּכֵר זִכְרוֹנֵנוּ וּפִקְדוֹנֵנוּ, וְזִכְרוֹן אֲבוֹתֵינוּ, וְזִכְרוֹן מָשִׁיחַ בֶּן דָּוִד עַבְדֶּךָ, וְזִכְרוֹן יְרוּשָׁלַיִם עִיר קָדְשֶׁךָ, וְזִכְרוֹן כָּל עַמְּךָ בֵּית יִשְׂרָאֵל לְפָנֶיךָ, לִפְלֵיטָה לְטוֹבָה, לְחֵן וּלְחֶסֶד וּלְרַחֲמִים לְחַיִּים וּלְשָׁלוֹם בְּיוֹם חַג הַמַּצּוֹת הַזֶּה:

זָכְרֵנוּ יי אֱלֹהֵינוּ בּוֹ לְטוֹבָה. וּפָקְדֵנוּ בוֹ לִבְרָכָה. וְהוֹשִׁיעֵנוּ בוֹ לְחַיִּים. וּבִדְבַר יְשׁוּעָה וְרַחֲמִים, חוּס וְחָנֵּנוּ וְרַחֵם עָלֵינוּ וְהוֹשִׁיעֵנוּ, כִּי אֵלֶיךָ עֵינֵינוּ, כִּי אֵל מֶלֶךְ חַנּוּן וְרַחוּם אָתָּה.

וּבְנֵה יְרוּשָׁלַיִם עִיר הַקֹּדֶשׁ בִּמְהֵרָה בְיָמֵינוּ. בָּרוּךְ אַתָּה יי, בּוֹנֵה בְרַחֲמָיו יְרוּשָׁלָיִם. אָמֵן.

בָּרוּךְ אַתָּה יי אֱלֹהֵינוּ מֶלֶךְ הָעוֹלָם, הָאֵל אָבִינוּ, מַלְכֵּנוּ, אַדִּירֵנוּ, בּוֹרְאֵנוּ, גּוֹאֲלֵנוּ, יוֹצְרֵנוּ, קְדוֹשֵׁנוּ

The Romans destroyed the Second Temple and again we were exiled...

The Crusaders killed Jews in the name of their god...

Medieval Ghettos...

The Spanish Inquisition forced Jews to convert to Christianity or die...

Jews in Europe fled the Cossak pograms...

The Nazis planned to wipe-out all the Jews...

Moslem countries oppressed Jews...

Russia sent Prisoners of Zion to Siberia...

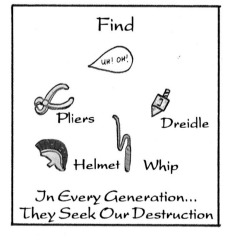

Find

Pliers

Dreidle

Helmet   Whip

In Every Generation...
They Seek Our Destruction

Lavan tried to trick Yaacov and destroy him...

The Egyptians welcomed us at first...

And then made us slaves...

Amalek attacked us when we left Egypt...

The Assyrians forced 10 Tribes of Israel into exile...

Nevuchadnezzar burned the First Temple...

Haman plotted to destroy the Jews...

But was destroyed himself...

The Maccabees broke the Greek idols...

And rededicated the Second Temple to God...

One of Jacob, the Shepherd of Israel, the King Who has done good to all, is doing good and will do good. You have done much for us, do much for us, and will continue to do much for us forever. You provide us with kindness, love, success, blessing, salvation, comfort, sustenance, support, mercy, life and peace and all goodness. May You never deprive us of any good thing.

MAY the Merciful One always be our King. May the Merciful One be blessed in heaven and on earth. May the Merciful One be praised in every generation; may He be glorified and honored through us forever and ever. May the Merciful One grant us an honorable livelihood. May the Merciful One break the yoke of suffering from around our neck and may He lead us proudly into our Land. May the Merciful One send many blessing into this house and on this table where we have eaten. May the Merciful One send us Elijah the prophet, of blessed memory, who will bring us good news and comfort us.

At parents' table, add words in parenthesis:

MAY the Merciful One bless (my father) the master of this house and (my mother) the lady of this house

AND may we and all that is ours be blessed like Abraham, Isaac and Jacob were blessed; in everything, from everything, and with everything. Amen.

MAY those in heaven find us deserving of peace. May we receive blessing from God, and may both God and men consider our acts kind and wise.

(On Shabbat: May God give us part of the Shabbat of the World to Come, which will be a complete rest day forever.)

MAY God give us a day of total goodness.

MAY God grant us the privilege to live in the days of the Messiah and the World to Come. He is a tower of redemption to His chosen king and shows kindness to His anointed prince, to David and to his

קְדוֹשׁ יַעֲקֹב, רוֹעֵנוּ רוֹעֵה יִשְׂרָאֵל. הַמֶּלֶךְ הַטּוֹב, וְהַמֵּטִיב לַכֹּל, שֶׁבְּכָל יוֹם וָיוֹם הוּא הֵטִיב, הוּא מֵטִיב, הוּא יֵיטִיב לָנוּ. הוּא גְמָלָנוּ, הוּא גוֹמְלֵנוּ, הוּא יִגְמְלֵנוּ לָעַד לְחֵן וּלְחֶסֶד וּלְרַחֲמִים וּלְרֶוַח הַצָּלָה וְהַצְלָחָה, בְּרָכָה וִישׁוּעָה, נֶחָמָה, פַּרְנָסָה וְכַלְכָּלָה, וְרַחֲמִים, וְחַיִּים וְשָׁלוֹם, וְכָל טוֹב, וּמִכָּל טוּב לְעוֹלָם אַל יְחַסְּרֵנוּ.

הָרַחֲמָן, הוּא יִמְלוֹךְ עָלֵינוּ לְעוֹלָם וָעֶד. **הָרַחֲמָן**, הוּא יִתְבָּרַךְ בַּשָּׁמַיִם וּבָאָרֶץ. **הָרַחֲמָן**, הוּא יִשְׁתַּבַּח לְדוֹר דּוֹרִים, וְיִתְפָּאַר בָּנוּ לָעַד וּלְנֵצַח נְצָחִים, וְיִתְהַדַּר בָּנוּ לָעַד וּלְעוֹלְמֵי עוֹלָמִים. **הָרַחֲמָן**, הוּא יְפַרְנְסֵנוּ בְּכָבוֹד. **הָרַחֲמָן**, הוּא יִשְׁבֹּר עֻלֵּנוּ מֵעַל צַוָּארֵנוּ וְהוּא יוֹלִיכֵנוּ קוֹמְמִיּוּת לְאַרְצֵנוּ. **הָרַחֲמָן**, הוּא יִשְׁלַח לָנוּ בְּרָכָה מְרֻבָּה בַּבַּיִת הַזֶּה וְעַל שֻׁלְחָן זֶה שֶׁאָכַלְנוּ עָלָיו.

הָרַחֲמָן, הוּא יִשְׁלַח לָנוּ אֶת אֵלִיָּהוּ הַנָּבִיא זָכוּר לַטּוֹב, וִיבַשֶּׂר לָנוּ בְּשׂוֹרוֹת טוֹבוֹת יְשׁוּעוֹת וְנֶחָמוֹת.

הָרַחֲמָן, הוּא יְבָרֵךְ אֶת (אָבִי מוֹרִי) בַּעַל הַבַּיִת הַזֶּה וְאֶת (אִמִּי מוֹרָתִי) בַּעֲלַת הַבַּיִת הַזֶּה (וְאֶת כָּל הַמְּסֻבִּין כָּאן) אוֹתָם וְאֶת בֵּיתָם וְאֶת זַרְעָם וְאֶת כָּל אֲשֶׁר לָהֶם,

אוֹתָנוּ וְאֶת כָּל אֲשֶׁר לָנוּ, כְּמוֹ שֶׁנִּתְבָּרְכוּ אֲבוֹתֵינוּ אַבְרָהָם יִצְחָק וְיַעֲקֹב, בַּכֹּל, מִכֹּל, כֹּל, כֵּן יְבָרֵךְ אוֹתָנוּ כֻּלָּנוּ יַחַד, בִּבְרָכָה שְׁלֵמָה, וְנֹאמַר אָמֵן.

בַּמָּרוֹם יְלַמְּדוּ עֲלֵיהֶם וְעָלֵינוּ זְכוּת, שֶׁתְּהֵא לְמִשְׁמֶרֶת שָׁלוֹם, וְנִשָּׂא בְרָכָה מֵאֵת יי, וּצְדָקָה מֵאֱלֹהֵי יִשְׁעֵנוּ, וְנִמְצָא חֵן וְשֵׂכֶל טוֹב בְּעֵינֵי אֱלֹהִים וְאָדָם.

(לשבת:) הָרַחֲמָן, הוּא יַנְחִילֵנוּ יוֹם שֶׁכֻּלּוֹ שַׁבָּת וּמְנוּחָה לְחַיֵּי הָעוֹלָמִים.

הָרַחֲמָן, הוּא יַנְחִילֵנוּ יוֹם שֶׁכֻּלּוֹ טוֹב.

הָרַחֲמָן, הוּא יְזַכֵּנוּ לִימוֹת הַמָּשִׁיחַ וּלְחַיֵּי הָעוֹלָם הַבָּא. מִגְדּוֹל יְשׁוּעוֹת מַלְכּוֹ. וְעֹשֶׂה חֶסֶד לִמְשִׁיחוֹ, לְדָוִד וּלְזַרְעוֹ עַד עוֹלָם. עֹשֶׂה שָׁלוֹם

forever." Now let the house of Aaron say: "His descendants forever. May He Who creates harmony in heaven create peace for us and all Israel. Amen.

HAVE awe of God, because those who have awe of Him lack nothing. Strong young lions may starve, but those who seek God shall not lack anything. Give thanks to God, for He is good; His kindness lasts forever. God, You open Your hand and satisfy the desire of every living thing. Blessed is the man who trusts in God. Once I was young and now I am old, but never have I seen the righteous man forsaken, nor his children begging for bread. God will give strength to His people; God will bless His people with peace.

Raise the third cup of wine. After the blessing, drink the wine while leaning to the left.

BLESSED are You, Lord our God, King of the universe, Who creates the fruit of the grape-vine.

In honor of the Prophet Elijah, pour a cup of wine. The front door should be opened. Stand.

GOD, pour out Your anger upon the nations that do not acknowledge You, upon kingdoms that do not call Your name. They have tried to destroy the Jewish people and have destroyed Your Holy Temple. Pour out Your rage upon them and let Your fury overtake them. Chase them in anger and destroy them from under Your heavens.

Close the door. Be seated. The fourth cup is filled.

HALLEL – Psalms of praise

NOT for our sake, God, but for the sake of Your name give honor so that all will know of Your kindness and truth. Why should the nations say; "Where is their God?" Our God is in the heavens; He does as He pleases! Their idols are made of silver and gold, the work of human hands. They have mouths, but cannot speak; they have eyes, but cannot see; they have ears, but cannot hear; they have a nose, but cannot smell; they have hands, but cannot feel; they have feet, but cannot walk. They cannot utter a sound from their throats. Those who make and trust in idols, shall become like idols.

בִּמְרוֹמָיו, הוּא יַעֲשֶׂה שָׁלוֹם עָלֵינוּ, וְעַל כָּל יִשְׂרָאֵל, וְאִמְרוּ אָמֵן.

יְראוּ אֶת יי קְדשָׁיו, כִּי אֵין מַחְסוֹר לִירֵאָיו. כְּפִירִים רָשׁוּ וְרָעֵבוּ, וְדֹרְשֵׁי יי לֹא יַחְסְרוּ כָל טוֹב. הוֹדוּ לַיי כִּי טוֹב, כִּי לְעוֹלָם חַסְדּוֹ. פּוֹתֵחַ אֶת יָדֶךָ, וּמַשְׂבִּיעַ לְכָל חַי רָצוֹן. בָּרוּךְ הַגֶּבֶר אֲשֶׁר יִבְטַח בַּייָ, וְהָיָה יי מִבְטַחוֹ. נַעַר הָיִיתִי, גַּם זָקַנְתִּי וְלֹא רָאִיתִי צַדִּיק נֶעֱזָב, וְזַרְעוֹ מְבַקֶּשׁ לָחֶם. יי עֹז לְעַמּוֹ יִתֵּן, יי יְבָרֵךְ אֶת עַמּוֹ בַשָּׁלוֹם.

כוס שלישית

Raise the third cup of wine. After the blessing, drink the wine while leaning to the left.

בָּרוּךְ אַתָּה יי אֱלֹהֵינוּ מֶלֶךְ הָעוֹלָם, בּוֹרֵא פְּרִי הַגָּפֶן.

In honor of the Prophet Elijah, pour a cup of wine. The front door should be opened. Stand.

שְׁפוֹךְ חֲמָתְךָ אֶל הַגּוֹיִם אֲשֶׁר לֹא יְדָעוּךָ וְעַל מַמְלָכוֹת אֲשֶׁר בְּשִׁמְךָ לֹא קָרָאוּ. כִּי אָכַל אֶת יַעֲקֹב וְאֶת נָוֵהוּ הֵשַׁמּוּ. שְׁפוֹךְ עֲלֵיהֶם זַעְמֶךָ וַחֲרוֹן אַפְּךָ יַשִּׂיגֵם. תִּרְדֹּף בְּאַף וְתַשְׁמִידֵם מִתַּחַת שְׁמֵי יי.

Close the door. Be seated. The fourth cup is filled.

הלל

לֹא לָנוּ יי, לֹא לָנוּ, כִּי־לְשִׁמְךָ תֵּן כָּבוֹד, עַל־חַסְדְּךָ עַל־אֲמִתֶּךָ. לָמָּה יֹאמְרוּ הַגּוֹיִם, אַיֵּה־נָא אֱלֹהֵיהֶם. וֵאלֹהֵינוּ בַשָּׁמָיִם, כֹּל אֲשֶׁר־חָפֵץ עָשָׂה. עֲצַבֵּיהֶם כֶּסֶף וְזָהָב, מַעֲשֵׂה יְדֵי אָדָם. פֶּה־לָהֶם וְלֹא יְדַבֵּרוּ, עֵינַיִם לָהֶם וְלֹא יִרְאוּ. אָזְנַיִם לָהֶם וְלֹא יִשְׁמָעוּ, אַף לָהֶם וְלֹא יְרִיחוּן. יְדֵיהֶם וְלֹא יְמִישׁוּן, רַגְלֵיהֶם וְלֹא יְהַלֵּכוּ, לֹא־יֶהְגּוּ בִּגְרוֹנָם. כְּמוֹהֶם יִהְיוּ עֹשֵׂיהֶם, כֹּל אֲשֶׁר בֹּטֵחַ בָּהֶם. יִשְׂרָאֵל בְּטַח בַּיי, עֶזְרָם וּמָגִנָּם הוּא. בֵּית אַהֲרֹן בִּטְחוּ בַיי, עֶזְרָם וּמָגִנָּם הוּא. יִרְאֵי יי בִּטְחוּ בַיי, עֶזְרָם וּמָגִנָּם הוּא.

עם
ישראל
חי
UH! OH!
Find
UH! OH!
Snail
Butterfly
Spider
Rose
Nishmat - The Soul of Every
Living Thing Praises God.

Israel should trust in God! The house of Aaron the Priest should trust in God! Those who fear should trust in God! He is their help and their shield.

GOD who remembers us will bless us; He will bless the house of Israel and the house of Aaron; He will bless those who are awe-struck by Him, the small and the great. May God add more and more blessings to you and your children. The heavens belong to God, but He has given the earth to humankind. The wicked, who are like the dead, do not praise God. But, we will bless God from now and forever. Halleluyah!

I love God because He hears my prayers. Because He listens to me when I call, I will pray to Him as long as I live. I am surrounded by enemies and the grave closes in on me; I find trouble and sadness. Then I call out: "O God, save my life!" God is kind and just and He has pity. God protects the fool; I was in trouble and He saved me. Return to your rest, my soul, because God has been kind to you. God, You have delivered my soul from death, my eyes from crying and my feet from stumbling. I will walk before You as long as I am alive. I had faith even when I cried out, "I suffer very much." In my haste, I declared, "All men are deceitful."

HOW can I repay the Lord for all the good things He has done for me? I will raise a cup of hope, and call in the name of God. I will honor my promises to Him, in the presence of all His people. God does not like to see the death of His pious followers. Please, God, I am truly Your servant. You have freed me. To You I give a thanksgiving offering and pray to Your name. I will pay my promises to You in the presence of Your entire people, in the courts of the Holy Temple, in the middle of Jerusalem I will bring my offering. Halleluyah!

PRAISE God, all you nations; praise Him, all peoples! Because His kindness to us was so great and His promise is forever. Halleluyah!

GIVE thanks to God, for He is good. His kindness lasts forever. Now let Israel say: "His kindness lasts

יי זְכָרָנוּ יְבָרֵךְ, יְבָרֵךְ אֶת־בֵּית יִשְׂרָאֵל, יְבָרֵךְ אֶת־בֵּית אַהֲרֹן. יְבָרֵךְ יִרְאֵי יי, הַקְּטַנִּים עִם־הַגְּדֹלִים. יֹסֵף יי עֲלֵיכֶם, עֲלֵיכֶם וְעַל־בְּנֵיכֶם. בְּרוּכִים אַתֶּם לַיי, עֹשֵׂה שָׁמַיִם וָאָרֶץ. הַשָּׁמַיִם, שָׁמַיִם לַיי, וְהָאָרֶץ נָתַן לִבְנֵי־אָדָם. לֹא הַמֵּתִים יְהַלְלוּ־יָהּ, וְלֹא כָּל־יֹרְדֵי דוּמָה. וַאֲנַחְנוּ נְבָרֵךְ יָהּ, מֵעַתָּה וְעַד עוֹלָם, הַלְלוּיָהּ.

אָהַבְתִּי, כִּי יִשְׁמַע יי אֶת־קוֹלִי תַּחֲנוּנָי. כִּי־הִטָּה אָזְנוֹ לִי וּבְיָמַי אֶקְרָא. אֲפָפוּנִי חֶבְלֵי־מָוֶת וּמְצָרֵי שְׁאוֹל מְצָאוּנִי, צָרָה וְיָגוֹן אֶמְצָא. וּבְשֵׁם־יי אֶקְרָא, אָנָּה יי מַלְּטָה נַפְשִׁי. חַנּוּן יי וְצַדִּיק וֵאלֹהֵינוּ מְרַחֵם. שֹׁמֵר פְּתָאִים יי, דַּלּוֹתִי וְלִי יְהוֹשִׁיעַ. שׁוּבִי נַפְשִׁי לִמְנוּחָיְכִי, כִּי־יי גָּמַל עָלָיְכִי. כִּי חִלַּצְתָּ נַפְשִׁי מִמָּוֶת, אֶת עֵינִי מִן־דִּמְעָה, אֶת רַגְלִי מִדֶּחִי. אֶתְהַלֵּךְ לִפְנֵי יי, בְּאַרְצוֹת הַחַיִּים. הֶאֱמַנְתִּי כִּי אֲדַבֵּר, אֲנִי עָנִיתִי מְאֹד. אֲנִי אָמַרְתִּי בְחָפְזִי, כָּל־הָאָדָם כֹּזֵב.

מָה־אָשִׁיב לַיי, כָּל תַּגְמוּלוֹהִי עָלָי. כּוֹס־יְשׁוּעוֹת אֶשָּׂא, וּבְשֵׁם יי אֶקְרָא. נְדָרַי לַיי אֲשַׁלֵּם, נֶגְדָה־נָּא לְכָל־עַמּוֹ. יָקָר בְּעֵינֵי יי, הַמָּוְתָה לַחֲסִידָיו. אָנָּה יי כִּי־אֲנִי עַבְדֶּךָ, אֲנִי־עַבְדְּךָ בֶּן־אֲמָתֶךָ, פִּתַּחְתָּ לְמוֹסֵרָי. לְךָ־אֶזְבַּח זֶבַח תּוֹדָה, וּבְשֵׁם יי אֶקְרָא. נְדָרַי לַיי אֲשַׁלֵּם, נֶגְדָה־נָּא לְכָל עַמּוֹ. בְּחַצְרוֹת בֵּית יי בְּתוֹכֵכִי יְרוּשָׁלָיִם, הַלְלוּיָהּ.

הַלְלוּ אֶת־יי כָּל־גּוֹיִם, שַׁבְּחוּהוּ כָּל־הָאֻמִּים. כִּי גָבַר עָלֵינוּ חַסְדּוֹ, וֶאֱמֶת־יי לְעוֹלָם, הַלְלוּיָהּ.

הוֹדוּ לַיי כִּי־טוֹב, כִּי לְעוֹלָם חַסְדּוֹ.
יֹאמַר־נָא יִשְׂרָאֵל, כִּי לְעוֹלָם חַסְדּוֹ.
יֹאמְרוּ־נָא בֵית־אַהֲרֹן, כִּי לְעוֹלָם חַסְדּוֹ.
יֹאמְרוּ נָא יִרְאֵי יי, כִּי לְעוֹלָם חַסְדּוֹ.

מִן־הַמֵּצַר קָרָאתִי יָּהּ, עָנָנִי בַמֶּרְחַב יָהּ. יי לִי לֹא אִירָא, מַה־יַּעֲשֶׂה לִי אָדָם. יי לִי בְּעֹזְרָי, וַאֲנִי אֶרְאֶה בְשֹׂנְאָי. טוֹב לַחֲסוֹת בַּיי, מִבְּטֹחַ בָּאָדָם. טוֹב לַחֲסוֹת בַּיי, מִבְּטֹחַ בִּנְדִיבִים. כָּל גּוֹיִם סְבָבוּנִי, בְּשֵׁם יי כִּי אֲמִילַם. סַבּוּנִי גַם סְבָבוּנִי, בְּשֵׁם יי כִּי

forever." Let those who fear God say: "His kindness lasts forever."

OH God, please save us! Oh God, please save us! Oh God, please help us! Oh God, please help us!

GIVE thanks to God, for He is good; His kindness endures forever. Give thanks to the God of gods; His kindness endures forever. Give thanks to the Lord of lords; His kindness endures forever. For doing great wonders; His kindness endures forever. For making the heavens with understanding; His kindness endures forever. For stretching the earth over the waters; His kindness endures forever. For making great lights; His kindness endures forever. For making the sun to reign by day; His kindness endures forever. For making the moon and the stars to reign by night; His kindness endures forever. For striking the Egyptians' firstborn; His kindness endures forever. For delivering Israel from the Egyptians; His kindness endures forever. With a strong hand and an outstretched arm; His kindness endures forever. For splitting the Red Sea; His kindness endures forever. And passing Israel through it; His kindness endures forever. And drowning Pharaoh and his army in the Red Sea; His kindness endures forever. For leading His people through the wilderness; His kindness endures forever. For destroying great kings; His kindness endures forever. And killing mighty rulers; His kindness endures forever. Sihon, king of the Amorites; His kindness endures forever. And Og, King of Bashan; His kindness endures forever. He gave us their land as an inheritance; His kindness endures forever. An inheritance to Israel His servant; His kindness endures forever. When we were low He remembered us; His kindness endures forever. And released us from our enemies; His kindness endures forever. He gives food to all; His kindness endures forever. Give thanks to God of heaven; His kindness endures forever.

WHEN I was in trouble I called to God and He answered me by setting me free. God is with me, I am not afraid. What can a person do to me? God

אֲמִילַם. סַבּוּנִי כִדְבוֹרִים דֹּעֲכוּ כְּאֵשׁ קוֹצִים, בְּשֵׁם יי כִּי אֲמִילַם. דָּחֹה דְחִיתַנִי לִנְפֹּל, וַיי עֲזָרָנִי. עָזִּי וְזִמְרָת יָהּ, וַיְהִי לִי לִישׁוּעָה. קוֹל רִנָּה וִישׁוּעָה בְּאָהֳלֵי צַדִּיקִים, יְמִין יי עֹשָׂה חָיִל. יְמִין יי רוֹמֵמָה, יְמִין יי עֹשָׂה חָיִל. לֹא אָמוּת כִּי אֶחְיֶה, וַאֲסַפֵּר מַעֲשֵׂי יָהּ. יַסֹּר יִסְּרַנִּי יָּהּ, וְלַמָּוֶת לֹא נְתָנָנִי. פִּתְחוּ־לִי שַׁעֲרֵי צֶדֶק, אָבֹא בָם אוֹדֶה יָהּ. זֶה הַשַּׁעַר לַיי, צַדִּיקִים יָבֹאוּ בוֹ.

אוֹדְךָ כִּי עֲנִיתָנִי, וַתְּהִי־לִי לִישׁוּעָה. אוֹדְךָ כִּי עֲנִיתָנִי, וַתְּהִי־לִי לִישׁוּעָה. אֶבֶן מָאֲסוּ הַבּוֹנִים, הָיְתָה לְרֹאשׁ פִּנָּה. אֶבֶן מָאֲסוּ הַבּוֹנִים, הָיְתָה לְרֹאשׁ פִּנָּה. מֵאֵת יי הָיְתָה זֹּאת, הִיא נִפְלָאת בְּעֵינֵינוּ. מֵאֵת יי הָיְתָה זֹּאת, הִיא נִפְלָאת בְּעֵינֵינוּ. זֶה־הַיּוֹם עָשָׂה יי, נָגִילָה וְנִשְׂמְחָה בוֹ. זֶה־הַיּוֹם עָשָׂה יי, נָגִילָה וְנִשְׂמְחָה בוֹ.

אָנָּא יי הוֹשִׁיעָה נָּא. אָנָּא יי הוֹשִׁיעָה נָּא.
אָנָּא יי הַצְלִיחָה נָא. אָנָּא יי הַצְלִיחָה נָא.

בָּרוּךְ הַבָּא בְּשֵׁם יי, בֵּרַכְנוּכֶם מִבֵּית יי. בָּרוּךְ הַבָּא בְּשֵׁם יי, בֵּרַכְנוּכֶם מִבֵּית יי. אֵל יי וַיָּאֶר לָנוּ, אִסְרוּ חַג בַּעֲבֹתִים עַד קַרְנוֹת הַמִּזְבֵּחַ. אֵל יי וַיָּאֶר לָנוּ, אִסְרוּ חַג בַּעֲבֹתִים עַד קַרְנוֹת הַמִּזְבֵּחַ. אֵלִי אַתָּה וְאוֹדֶךָּ, אֱלֹהַי אֲרוֹמְמֶךָּ. הוֹדוּ לַיי כִּי־טוֹב, כִּי לְעוֹלָם חַסְדּוֹ. יְהַלְלוּךָ יי אֱלֹהֵינוּ עַל כָּל מַעֲשֶׂיךָ, וַחֲסִידֶיךָ צַדִּיקִים עוֹשֵׂי רְצוֹנֶךָ, וְכָל עַמְּךָ בֵּית יִשְׂרָאֵל, כֻּלָּם בְּרִנָּה יוֹדוּ וִיבָרְכוּ, וִישַׁבְּחוּ וִיפָאֲרוּ, וִירוֹמְמוּ וְיַעֲרִיצוּ, וְיַקְדִּישׁוּ וְיַמְלִיכוּ אֶת שִׁמְךָ מַלְכֵּנוּ תָּמִיד. כִּי לְךָ טוֹב לְהוֹדוֹת, וּלְשִׁמְךָ נָאֶה לְזַמֵּר, כִּי מֵעוֹלָם וְעַד עוֹלָם אַתָּה אֵל.

הוֹדוּ לַיי כִּי־טוֹב כִּי לְעוֹלָם חַסְדּוֹ.
הוֹדוּ לֵאלֹהֵי הָאֱלֹהִים כִּי לְעוֹלָם חַסְדּוֹ.
הוֹדוּ לַאֲדֹנֵי הָאֲדֹנִים כִּי לְעוֹלָם חַסְדּוֹ.
לְעֹשֵׂה נִפְלָאוֹת גְּדֹלוֹת לְבַדּוֹ כִּי לְעוֹלָם חַסְדּוֹ.

xii
ii
I Know 8!
I Know 3!
i
UH! OH!
vi
iv
א ב ג ד ה
ו ז ח ט י
I Know 10!
xi
I Know 7!
I Know 5!
וידבר ה' אל משה לאמר.
Find
UH! OH!
Star
Inverted Five
Block
Pocket-book
Who Knows One?
x
I Know 12!
vii

I Know 1!
I Know 11!
xiii
viii
v
I Know 2!
I Know 9!
ix
iii
10
I Know 4!
I Know 13!
Goodness
Kindness
Truth
Merciful
Powerful
Eternal
3
I Know 6!

לְעֹשֵׂה הַשָּׁמַיִם בִּתְבוּנָה כִּי לְעוֹלָם חַסְדּוֹ.
לְרֹקַע הָאָרֶץ עַל הַמָּיִם כִּי לְעוֹלָם חַסְדּוֹ.
לְעֹשֵׂה אוֹרִים גְּדֹלִים כִּי לְעוֹלָם חַסְדּוֹ.
אֶת־הַשֶּׁמֶשׁ לְמֶמְשֶׁלֶת בַּיּוֹם כִּי לְעוֹלָם חַסְדּוֹ.
אֶת־הַיָּרֵחַ וְכוֹכָבִים
לְמֶמְשְׁלוֹת בַּלָּיְלָה כִּי לְעוֹלָם חַסְדּוֹ.
לְמַכֵּה מִצְרַיִם בִּבְכוֹרֵיהֶם כִּי לְעוֹלָם חַסְדּוֹ.
וַיּוֹצֵא יִשְׂרָאֵל מִתּוֹכָם כִּי לְעוֹלָם חַסְדּוֹ.
בְּיָד חֲזָקָה וּבִזְרוֹעַ נְטוּיָה כִּי לְעוֹלָם חַסְדּוֹ.
לְגֹזֵר יַם־סוּף לִגְזָרִים כִּי לְעוֹלָם חַסְדּוֹ.
וְהֶעֱבִיר יִשְׂרָאֵל בְּתוֹכוֹ כִּי לְעוֹלָם חַסְדּוֹ.
וְנִעֵר פַּרְעֹה וְחֵילוֹ בְיַם־סוּף כִּי לְעוֹלָם חַסְדּוֹ.
לְמוֹלִיךְ עַמּוֹ בַּמִּדְבָּר כִּי לְעוֹלָם חַסְדּוֹ.
לְמַכֵּה מְלָכִים גְּדוֹלִים כִּי לְעוֹלָם חַסְדּוֹ.
וַיַּהֲרֹג מְלָכִים אַדִּירִים כִּי לְעוֹלָם חַסְדּוֹ.
לְסִיחוֹן מֶלֶךְ הָאֱמֹרִי כִּי לְעוֹלָם חַסְדּוֹ.
וּלְעוֹג מֶלֶךְ הַבָּשָׁן כִּי לְעוֹלָם חַסְדּוֹ.
וְנָתַן אַרְצָם לְנַחֲלָה כִּי לְעוֹלָם חַסְדּוֹ.
נַחֲלָה לְיִשְׂרָאֵל עַבְדּוֹ כִּי לְעוֹלָם חַסְדּוֹ.
שֶׁבְּשִׁפְלֵנוּ זָכַר לָנוּ כִּי לְעוֹלָם חַסְדּוֹ.
וַיִּפְרְקֵנוּ מִצָּרֵינוּ כִּי לְעוֹלָם חַסְדּוֹ.
נֹתֵן לֶחֶם לְכָל־בָּשָׂר כִּי לְעוֹלָם חַסְדּוֹ.
הוֹדוּ לְאֵל הַשָּׁמָיִם כִּי לְעוֹלָם חַסְדּוֹ.

נִשְׁמַת כָּל־חַי תְּבָרֵךְ אֶת־שִׁמְךָ יי אֱלֹהֵינוּ וְרוּחַ כָּל־בָּשָׂר תְּפָאֵר וּתְרוֹמֵם זִכְרְךָ מַלְכֵּנוּ תָּמִיד. מִן־הָעוֹלָם וְעַד־הָעוֹלָם אַתָּה אֵל. וּמִבַּלְעָדֶיךָ אֵין לָנוּ מֶלֶךְ גּוֹאֵל וּמוֹשִׁיעַ. פּוֹדֶה וּמַצִּיל וּמְפַרְנֵס וּמְרַחֵם בְּכָל־עֵת צָרָה וְצוּקָה. אֵין לָנוּ מֶלֶךְ אֶלָּא אָתָּה. אֱלֹהֵי הָרִאשׁוֹנִים וְהָאַחֲרוֹנִים. אֱלוֹהַּ כָּל־בְּרִיּוֹת אֲדוֹן כָּל־תּוֹלָדוֹת הַמְהֻלָּל בְּרוֹב הַתִּשְׁבָּחוֹת. הַמְנַהֵג עוֹלָמוֹ בְּחֶסֶד וּבְרִיּוֹתָיו בְּרַחֲמִים. וַיי לֹא־יָנוּם וְלֹא־יִישָׁן. הַמְעוֹרֵר יְשֵׁנִים וְהַמֵּקִיץ נִרְדָּמִים. וְהַמֵּשִׂיחַ אִלְּמִים וְהַמַּתִּיר אֲסוּרִים וְהַסּוֹמֵךְ נוֹפְלִים וְהַזּוֹקֵף כְּפוּפִים. לְךָ לְבַדְּךָ אֲנַחְנוּ מוֹדִים. אִלּוּ פִינוּ מָלֵא שִׁירָה כַּיָּם וּלְשׁוֹנֵנוּ רִנָּה כַּהֲמוֹן גַּלָּיו וְשִׂפְתוֹתֵינוּ שֶׁבַח כְּמֶרְחֲבֵי

assists me so that I can overcome my enemies. It is better to trust in God than to trust in man. It is better to trust in God than to rely on the promises of princes. Even as the nations surround me I call out to God and defeat them. They buzz around me like bees, but they shrivel up like thorns burned by fire when I call out to God. They push me to make me fall, but God helps me. God is my strength, my song, and my salvation. The song of victory is heard in the tents of the righteous. They sing of the right hand of God, of the hand that does great things. I will not die, but rather live and declare the great things God does. Even if God made me suffer, He did not let me die. Open for me the gates of the righteous so I can enter through them and praise God. I thank You because You answered me and You saved me. The stone that the builders rejected has become the cornerstone. God has done this; it is wonderful. God made this great day; let's celebrate and be glad in it.

Nishmat

THE soul of every living thing will bless Your name, Lord our God; the spirit of all living things will praise and honor Your remembrance, our King. Throughout eternity, You are God. Besides You, we have no king who redeems and saves, ransoms and rescues, sustains and shows mercy in all times of trouble and distress. We have no King but You.

GOD, first and last; God of all creatures; Master of all history; praised in many songs; Who guides His world with kindness, and His creatures with mercy. God neither slumbers nor sleeps; He rouses those who sleep and awakens those who slumber; enables the speechless to speak, and loosens the bonds of the captive; He supports those who are fallen and raises those who are bowed down. To You alone we give thanks. If song filled our mouths like water fills the sea, and our tongue with joy like the endless waves; if our lips were full of praise as wide as the sky, and our eyes shone like the sun and the moon; if our hands spread out in prayer like the eagle of the sky and our feet ran as swiftly as the deer – we would

still not be able to thank You enough and bless Your name, Lord our God and God of our fathers, for one thousandth, one millionth of all the good which You have bestowed on our fathers and on us.

YOU have liberated us from Egypt, Lord our God, and redeemed us from the house of slavery. You have fed us in famine and sustained us with plenty. You have saved us from the sword, helped us to escape the plague, and spared us from serious sickness. Until now Your mercy has helped us, and Your kindness has not forsaken us; May You, Lord our God, never abandon us.

THEREFORE, the limbs which You have given us, the spirit and soul which You have breathed into our nostrils, and the tongue which You have placed in our mouths, shall all thank and bless, praise and glorify, honor and revere, sanctify and proclaim Your name, our King. To You, every mouth will offer thanks; every tongue will vow allegiance; every knee will bend, and all who stand upright will bow. All hearts will fear You, and men's inner being will sing praises to Your name.

WHO can be compared to You? Who is equal to You? God, you are the Master of the heaven and earth. Let us praise, acclaim and glorify You and bless Your holy name.

YOU are God, by Your mighty acts of power, great by the glory of Your Name, powerful forever and revered for Your awe-inspiring acts, You are the Ruler seated on a high and lofty throne!

YOU live forever and Your name is high and holy. As it is written: "Rejoice in the Lord, you righteous; it is pleasant for the upright to give praise." The mouth of good people will praise You, and by the words of good people You will be blessed; by the tongue of the pious You will be praised, and in the midst of holy people You will be hallowed.

IN large congregations Your people glorify Your name with song. It is our duty, in every generation, to show gratitude, praise, glorify and bless You, even beyond the songs and praises of David the son of Jesse, Your anointed servant.

רָקִיעַ. וְעֵינֵינוּ מְאִירוֹת כַּשֶּׁמֶשׁ וְכַיָּרֵחַ. וְיָדֵינוּ פְרוּשׂוֹת כְּנִשְׁרֵי שָׁמָיִם. וְרַגְלֵינוּ קַלּוֹת כָּאַיָּלוֹת. אֵין אֲנַחְנוּ מַסְפִּיקִים לְהוֹדוֹת לְךָ יי אֱלֹהֵינוּ וֵאלֹהֵי אֲבוֹתֵינוּ וּלְבָרֵךְ אֶת־שְׁמֶךָ עַל־אַחַת מֵאֶלֶף אֶלֶף אַלְפֵי אֲלָפִים וְרִבֵּי רְבָבוֹת פְּעָמִים הַטּוֹבוֹת שֶׁעָשִׂיתָ עִם־אֲבוֹתֵינוּ וְעִמָּנוּ. מִמִּצְרַיִם גְּאַלְתָּנוּ יי אֱלֹהֵינוּ וּמִבֵּית עֲבָדִים פְּדִיתָנוּ. בְּרָעָב זַנְתָּנוּ וּבְשָׂבָע כִּלְכַּלְתָּנוּ. מֵחֶרֶב הִצַּלְתָּנוּ וּמִדֶּבֶר מִלַּטְתָּנוּ וּמֵחֳלָיִם רָעִים וְנֶאֱמָנִים דִּלִּיתָנוּ. עַד־הֵנָּה עֲזָרוּנוּ רַחֲמֶיךָ. וְלֹא־עֲזָבוּנוּ חֲסָדֶיךָ. וְאַל־תִּטְּשֵׁנוּ יי אֱלֹהֵינוּ לָנֶצַח. עַל־כֵּן אֵבָרִים שֶׁפִּלַּגְתָּ בָּנוּ וְרוּחַ וּנְשָׁמָה שֶׁנָּפַחְתָּ בְּאַפֵּינוּ וְלָשׁוֹן אֲשֶׁר שַׂמְתָּ בְּפִינוּ. הֵן הֵם יוֹדוּ וִיבָרְכוּ וִישַׁבְּחוּ וִיפָאֲרוּ וִירוֹמְמוּ וְיַעֲרִיצוּ וְיַקְדִּישׁוּ וְיַמְלִיכוּ אֶת־שִׁמְךָ מַלְכֵּנוּ. כִּי כָל־פֶּה לְךָ יוֹדֶה. וְכָל־לָשׁוֹן לְךָ תִשָּׁבַע. וְכָל־בֶּרֶךְ לְךָ תִכְרַע. וְכָל־קוֹמָה לְפָנֶיךָ תִשְׁתַּחֲוֶה. וְכָל־לְבָבוֹת יִירָאוּךָ. וְכָל־קֶרֶב וּכְלָיוֹת יְזַמְּרוּ לִשְׁמֶךָ. כַּדָּבָר שֶׁכָּתוּב כָּל־עַצְמוֹתַי תֹּאמַרְנָה יי מִי כָמוֹךָ. מַצִּיל עָנִי מֵחָזָק מִמֶּנּוּ וְעָנִי וְאֶבְיוֹן מִגֹּזְלוֹ. מִי יִדְמֶה־לָּךְ וּמִי יִשְׁוֶה־לָּךְ וּמִי יַעֲרָךְ־לָךְ. הָאֵל הַגָּדוֹל הַגִּבּוֹר וְהַנּוֹרָא אֵל עֶלְיוֹן קֹנֵה שָׁמַיִם וָאָרֶץ. נְהַלֶּלְךָ וּנְשַׁבֵּחֲךָ וּנְפָאֶרְךָ וּנְבָרֵךְ אֶת שֵׁם קָדְשֶׁךָ. כָּאָמוּר בָּרְכִי נַפְשִׁי אֶת יי וְכָל־קְרָבַי אֶת־שֵׁם קָדְשׁוֹ.

הָאֵל בְּתַעֲצֻמוֹת עֻזֶּךָ. הַגָּדוֹל בִּכְבוֹד שְׁמֶךָ. הַגִּבּוֹר לָנֶצַח וְהַנּוֹרָא בְּנוֹרְאוֹתֶיךָ. הַמֶּלֶךְ הַיּוֹשֵׁב עַל כִּסֵּא רָם וְנִשָּׂא.

שׁוֹכֵן עַד מָרוֹם וְקָדוֹשׁ שְׁמוֹ וְכָתוּב רַנְּנוּ צַדִּיקִים בַּיי לַיְשָׁרִים נָאוָה תְהִלָּה בְּפִי יְשָׁרִים תִּתְהַלָּל וּבְדִבְרֵי צַדִּיקִים תִּתְבָּרַךְ. וּבִלְשׁוֹן חֲסִידִים תִּתְרוֹמָם. וּבְקֶרֶב קְדוֹשִׁים תִּתְקַדָּשׁ.

וּבְמַקְהֲלוֹת רִבְבוֹת עַמְּךָ בֵּית יִשְׂרָאֵל בְּרִנָּה יִתְפָּאֵר שִׁמְךָ מַלְכֵּנוּ בְּכָל דּוֹר וָדוֹר. שֶׁכֵּן חוֹבַת כָּל הַיְצוּרִים לְפָנֶיךָ יי אֱלֹהֵנוּ וֵאלֹהֵי אֲבוֹתֵינוּ לְהוֹדוֹת לְהַלֵּל לְשַׁבֵּחַ לְפָאֵר לְרוֹמֵם לְהַדֵּר לְבָרֵךְ לְעַלֵּה וּלְקַלֵּס עַל כָּל דִּבְרֵי שִׁירוֹת וְתִשְׁבָּחוֹת דָּוִד בֶּן יִשַׁי עַבְדְּךָ מְשִׁיחֶךָ.

Find

UH! OH!

Stick

Sickle

Pail

Horns

Chad Gadya
Don't "kid" yourself,
this is a serious song.

UH! OH!

BLESSED be You, our God, Who rules and is great and holy in heaven and on earth; for to You, Lord our God, it is fitting to offer song and praise, hymn and psalms, power and dominion, victory, glory and might, praise and beauty, holiness and royalty, blessings and thanks for now and forever.

ALL Your creations praise You, Lord our God; Your faithful followers who perform Your will, and all Your people of the House of Israel. To You it is fitting to give thanks, and to Your name it is proper to sing praises, for You are God eternal. Blessed are You God, our King glorified by prayer.

The Fourth Cup

Don't forget to lean while you drink the last cup!

BLESSED are You, Lord our God, King of the universe, Who creates the fruit of the grape-vine.

Recite the following after you drink the wine.

BLESSED are You, Lord our God, King of the universe, for the vine and its fruit, and the crops of the field, for the beautiful and spacious land which You gave to our fathers as a heritage to eat of its fruit and to enjoy its goodness. Have mercy, Lord our God, on Israel, Your people; on Jerusalem, Your city; on Zion, home of Your glory; on Your altar and Your Temple. Rebuild Jerusalem, the holy city, speedily in our days. Bring us there and make us happy with its restoration; may we eat of its fruit and enjoy its goodness; and let us bless You for it in holiness and purity. (On Shabbat, add: Favor us and strengthen us on the Shabbat day.) And grant us happiness on this Passover; For You are good and beneficent to all, and we thank You for the land and the fruit of the vine. Blessed are You, God, for the land and the fruit of the grape-vine.

NIRTZAH - Conclusion

THE Seder is now finished, complete in all laws and regulations. Just as we were privileged to perform it tonight, so may we deserve to bring the real Passover offering.

יִשְׁתַּבַּח שִׁמְךָ לָעַד מַלְכֵּנוּ. הָאֵל הַמֶּלֶךְ הַגָּדוֹל וְהַקָּדוֹשׁ בַּשָּׁמַיִם וּבָאָרֶץ. כִּי לְךָ נָאֶה יי אֱלֹהֵינוּ וֵאלֹהֵי אֲבוֹתֵינוּ שִׁיר וּשְׁבָחָה הַלֵּל וְזִמְרָה עֹז וּמֶמְשָׁלָה נֶצַח גְּדֻלָּה וּגְבוּרָה תְּהִלָּה וְתִפְאֶרֶת קְדֻשָּׁה וּמַלְכוּת בְּרָכוֹת וְהוֹדָאוֹת מֵעַתָּה וְעַד עוֹלָם. בָּרוּךְ אַתָּה יי אֵל מֶלֶךְ גָּדוֹל בַּתִּשְׁבָּחוֹת. אֵל הַהוֹדָאוֹת אֲדוֹן הַנִּפְלָאוֹת. הַבּוֹחֵר בְּשִׁירֵי זִמְרָה. מֶלֶךְ אֵל חֵי הָעוֹלָמִים.

כוס רביעית

Don't forget to lean while you drink the last cup!

בָּרוּךְ אַתָּה יי אֱלֹהֵינוּ מֶלֶךְ הָעוֹלָם, בּוֹרֵא פְּרִי הַגָּפֶן.

Recite the following after you drink the wine.

ברכה אחרונה

בָּרוּךְ אַתָּה יי אֱלֹהֵינוּ מֶלֶךְ הָעוֹלָם עַל הַגֶּפֶן וְעַל פְּרִי הַגֶּפֶן, וְעַל תְּנוּבַת הַשָּׂדֶה, וְעַל אֶרֶץ חֶמְדָּה טוֹבָה וּרְחָבָה, שֶׁרָצִיתָ וְהִנְחַלְתָּ לַאֲבוֹתֵינוּ, לֶאֱכֹל מִפִּרְיָהּ וְלִשְׂבֹּעַ מִטּוּבָהּ. רַחֶם נָא יי אֱלֹהֵינוּ עַל יִשְׂרָאֵל עַמֶּךָ, וְעַל יְרוּשָׁלַיִם עִירֶךָ, וְעַל צִיּוֹן מִשְׁכַּן כְּבוֹדֶךָ, וְעַל מִזְבְּחֶךָ וְעַל הֵיכָלֶךָ. וּבְנֵה יְרוּשָׁלַיִם עִיר הַקֹּדֶשׁ בִּמְהֵרָה בְיָמֵינוּ, וְהַעֲלֵנוּ לְתוֹכָהּ, וְשַׂמְּחֵנוּ בְּבִנְיָנָהּ, וְנֹאכַל מִפִּרְיָהּ וְנִשְׂבַּע מִטּוּבָהּ, וּנְבָרֶכְךָ עָלֶיהָ בִּקְדֻשָּׁה וּבְטָהֳרָה,

(בשבת: וּרְצֵה וְהַחֲלִיצֵנוּ בְּיוֹם הַשַּׁבָּת הַזֶּה)

וְשַׂמְּחֵנוּ בְּיוֹם חַג הַמַּצּוֹת הַזֶּה

כִּי אַתָּה יי טוֹב וּמֵטִיב לַכֹּל, וְנוֹדֶה לְךָ עַל הָאָרֶץ וְעַל פְּרִי הַגָּפֶן. בָּרוּךְ אַתָּה יי, עַל הָאָרֶץ וְעַל פְּרִי הַגָּפֶן.

נִרְצָה

חֲסַל סִדּוּר פֶּסַח כְּהִלְכָתוֹ, כְּכָל מִשְׁפָּטוֹ וְחֻקָּתוֹ, כַּאֲשֶׁר זָכִינוּ לְסַדֵּר אוֹתוֹ, כֵּן נִזְכֶּה לַעֲשׂוֹתוֹ. זָךְ שׁוֹכֵן מְעוֹנָה, קוֹמֵם קְהַל עֲדַת מִי מָנָה, בְּקָרוֹב נַהֵל נִטְעֵי כַנָּה, פְּדוּיִם לְצִיּוֹן בְּרִנָּה.

GOD in heaven, establish us as a people too numerous to count. Guide us, as truly free people, redeemed, to Jerusalem with joyous song.

NEXT YEAR IN JERUSALEM!

WHO KNOWS ONE?

Who knows one? I know one! One is our God, in the heaven and on earth.

Who knows two? I know two! Two are the tablets of the Ten Commandments; One is our God, in the heaven and on earth.

Who knows three? I know three! Three are the Fathers of the Jewish people; two are the tablets of the Ten Commandments; One is our God, in the heaven and on earth.

Who knows four? I know four! Four are the Mothers of the Jewish people; three are the Fathers of the Jewish people; two are the tablets of the Ten Commandments; One is our God, in the heaven and on earth.

Who knows five? I know five! Five are the books of the Torah; four are the Mothers of the Jewish people; three are the Fathers of the Jewish people; two are the tablets of the Ten Commandments; One is our God, in the heaven and on earth.

Who knows six? I know six! Six are the books of the Mishnah; five are the books of the Torah; four are the Mothers of the Jewish people; three are the Fathers of the Jewish people; two are the tablets of the Ten Commandments; One is our God, in the heaven and on earth.

Who knows seven? I know seven! Seven are the days of the week; six are the books of the Mishnah; five are the books of the Torah; four are the Mothers of the Jewish people; three are the Fathers of the Jewish people; two are the tablets of the Ten Commandments; One is our God, in the heaven and on earth.

Who knows eight? I know eight! Eight are the days

לְשָׁנָה הַבָּאָה בִּירוּשָׁלָיִם

אַדִּיר הוּא יִבְנֶה בֵיתוֹ בְּקָרוֹב בִּמְהֵרָה בִּמְהֵרָה בְּיָמֵינוּ בְּקָרוֹב. אֵל בְּנֵה, אֵל בְּנֵה, בְּנֵה בֵיתְךָ בְּקָרוֹב.

בָּחוּר הוּא, גָּדוֹל הוּא, דָּגוּל הוּא יִבְנֶה בֵיתוֹ בְּקָרוֹב בִּמְהֵרָה בִּמְהֵרָה בְּיָמֵינוּ בְּקָרוֹב. אֵל בְּנֵה, אֵל בְּנֵה, בְּנֵה בֵיתְךָ בְּקָרוֹב.

הָדוּר הוּא, וָתִיק הוּא, זַכַּאי הוּא, חָסִיד הוּא, יִבְנֶה בֵיתוֹ בְּקָרוֹב בִּמְהֵרָה בִּמְהֵרָה בְּיָמֵינוּ בְּקָרוֹב. אֵל בְּנֵה, אֵל בְּנֵה, בְּנֵה בֵיתְךָ בְּקָרוֹב.

טָהוֹר הוּא, יָחִיד הוּא, כַּבִּיר הוּא, לָמוּד הוּא, מֶלֶךְ הוּא נוֹרָא הוּא, סַגִּיב הוּא, עִזּוּז הוּא פּוֹדֶה הוּא, צַדִּיק הוּא, יִבְנֶה בֵיתוֹ בְּקָרוֹב בִּמְהֵרָה בִּמְהֵרָה בְּיָמֵינוּ בְּקָרוֹב. אֵל בְּנֵה, אֵל בְּנֵה, בְּנֵה בֵיתְךָ בְּקָרוֹב.

קָדוֹשׁ הוּא, רַחוּם הוּא, שַׁדַּי הוּא, תַּקִּיף הוּא יִבְנֶה בֵיתוֹ בְּקָרוֹב בִּמְהֵרָה בִּמְהֵרָה בְּיָמֵינוּ בְּקָרוֹב. אֵל בְּנֵה, אֵל בְּנֵה, בְּנֵה בֵיתְךָ בְּקָרוֹב.

אֶחָד מִי יוֹדֵעַ? אֶחָד אֲנִי יוֹדֵעַ:
אֶחָד אֱלֹהֵינוּ שֶׁבַּשָּׁמַיִם וּבָאָרֶץ.

שְׁנַיִם מִי יוֹדֵעַ? שְׁנַיִם אֲנִי יוֹדֵעַ:
שְׁנֵי לֻחוֹת הַבְּרִית, אֶחָד אֱלֹהֵינוּ שֶׁבַּשָּׁמַיִם וּבָאָרֶץ.

שְׁלֹשָׁה מִי יוֹדֵעַ? שְׁלֹשָׁה אֲנִי יוֹדֵעַ:
שְׁלֹשָׁה אָבוֹת, שְׁנֵי לֻחוֹת הַבְּרִית, אֶחָד אֱלֹהֵינוּ שֶׁבַּשָּׁמַיִם וּבָאָרֶץ.

אַרְבַּע מִי יוֹדֵעַ? אַרְבַּע אֲנִי יוֹדֵעַ:
אַרְבַּע אִמָּהוֹת, שְׁלֹשָׁה אָבוֹת, שְׁנֵי לֻחוֹת הַבְּרִית, אֶחָד אֱלֹהֵינוּ שֶׁבַּשָּׁמַיִם וּבָאָרֶץ.

חֲמִשָּׁה מִי יוֹדֵעַ? חֲמִשָּׁה אֲנִי יוֹדֵעַ:
חֲמִשָּׁה חֻמְשֵׁי תוֹרָה, אַרְבַּע אִמָּהוֹת, שְׁלֹשָׁה אָבוֹת, שְׁנֵי לֻחוֹת הַבְּרִית, אֶחָד אֱלֹהֵינוּ שֶׁבַּשָּׁמַיִם וּבָאָרֶץ.

שִׁשָּׁה מִי יוֹדֵעַ? שִׁשָּׁה אֲנִי יוֹדֵעַ:
שִׁשָּׁה סִדְרֵי מִשְׁנָה, חֲמִשָּׁה חֻמְשֵׁי תוֹרָה, אַרְבַּע אִמָּהוֹת,

שְׁלֹשָׁה אָבוֹת, שְׁנֵי לֻחוֹת הַבְּרִית, אֶחָד אֱלֹהֵינוּ שֶׁבַּשָּׁמַיִם וּבָאָרֶץ.

שִׁבְעָה מִי יוֹדֵעַ? שִׁבְעָה אֲנִי יוֹדֵעַ:
שִׁבְעָה יְמֵי שַׁבְּתָא, שִׁשָּׁה סִדְרֵי מִשְׁנָה, חֲמִשָּׁה חֻמְשֵׁי תוֹרָה, אַרְבַּע אִמָּהוֹת, שְׁלֹשָׁה אָבוֹת, שְׁנֵי לֻחוֹת הַבְּרִית, אֶחָד אֱלֹהֵינוּ שֶׁבַּשָּׁמַיִם וּבָאָרֶץ.

שְׁמוֹנָה מִי יוֹדֵעַ? שְׁמוֹנָה אֲנִי יוֹדֵעַ:
שְׁמוֹנָה יְמֵי מִילָה, שִׁבְעָה יְמֵי שַׁבְּתָא, שִׁשָּׁה סִדְרֵי מִשְׁנָה, חֲמִשָּׁה חֻמְשֵׁי תוֹרָה, אַרְבַּע אִמָּהוֹת, שְׁלֹשָׁה אָבוֹת, שְׁנֵי לֻחוֹת הַבְּרִית, אֶחָד אֱלֹהֵינוּ שֶׁבַּשָּׁמַיִם וּבָאָרֶץ.

תִּשְׁעָה מִי יוֹדֵעַ? תִּשְׁעָה אֲנִי יוֹדֵעַ:
תִּשְׁעָה יַרְחֵי לֵידָה, שְׁמוֹנָה יְמֵי מִילָה, שִׁבְעָה יְמֵי שַׁבְּתָא, שִׁשָּׁה סִדְרֵי מִשְׁנָה, חֲמִשָּׁה חֻמְשֵׁי תוֹרָה, אַרְבַּע אִמָּהוֹת, שְׁלֹשָׁה אָבוֹת, שְׁנֵי לֻחוֹת הַבְּרִית, אֶחָד אֱלֹהֵינוּ שֶׁבַּשָּׁמַיִם וּבָאָרֶץ.

עֲשָׂרָה מִי יוֹדֵעַ? עֲשָׂרָה אֲנִי יוֹדֵעַ:
עֲשָׂרָה דִבְּרַיָּא, תִּשְׁעָה יַרְחֵי לֵידָה, שְׁמוֹנָה יְמֵי מִילָה, שִׁבְעָה יְמֵי שַׁבְּתָא, שִׁשָּׁה סִדְרֵי מִשְׁנָה, חֲמִשָּׁה חֻמְשֵׁי תוֹרָה, אַרְבַּע אִמָּהוֹת, שְׁלֹשָׁה אָבוֹת, שְׁנֵי לֻחוֹת הַבְּרִית, אֶחָד אֱלֹהֵינוּ שֶׁבַּשָּׁמַיִם וּבָאָרֶץ.

אַחַד עָשָׂר מִי יוֹדֵעַ? אַחַד עָשָׂר אֲנִי יוֹדֵעַ:
אַחַד עָשָׂר כּוֹכְבַיָּא, עֲשָׂרָה דִבְּרַיָּא, תִּשְׁעָה יַרְחֵי לֵידָה, שְׁמוֹנָה יְמֵי מִילָה, שִׁבְעָה יְמֵי שַׁבְּתָא, שִׁשָּׁה סִדְרֵי מִשְׁנָה, חֲמִשָּׁה חֻמְשֵׁי תוֹרָה, אַרְבַּע אִמָּהוֹת, שְׁלֹשָׁה אָבוֹת, שְׁנֵי לֻחוֹת הַבְּרִית, אֶחָד אֱלֹהֵינוּ שֶׁבַּשָּׁמַיִם וּבָאָרֶץ.

שְׁנֵים עָשָׂר מִי יוֹדֵעַ? שְׁנֵים עָשָׂר אֲנִי יוֹדֵעַ:
שְׁנֵים עָשָׂר שִׁבְטַיָּא, אַחַד עָשָׂר כּוֹכְבַיָּא, עֲשָׂרָה דִבְּרַיָּא, תִּשְׁעָה יַרְחֵי לֵידָה, שְׁמוֹנָה יְמֵי מִילָה, שִׁבְעָה יְמֵי שַׁבְּתָא, שִׁשָּׁה סִדְרֵי מִשְׁנָה, חֲמִשָּׁה חֻמְשֵׁי תוֹרָה, אַרְבַּע אִמָּהוֹת, שְׁלֹשָׁה אָבוֹת, שְׁנֵי לֻחוֹת הַבְּרִית, אֶחָד אֱלֹהֵינוּ שֶׁבַּשָּׁמַיִם וּבָאָרֶץ.

שְׁלֹשָׁה עָשָׂר מִי יוֹדֵעַ? שְׁלֹשָׁה עָשָׂר אֲנִי יוֹדֵעַ:

before the brit; seven are the days of the week; six are the books of the Mishnah; five are the books of the Torah; four are the Mothers of the Jewish people; three are the Fathers of the Jewish people; two are the tablets of the Ten Commandments; One is our God, in the heaven and on earth.

Who knows nine? I know nine! Nine are the months of pregnancy; eight are the days before the brit; seven are the days of the week; six are the books of the Mishnah; five are the books of the Torah; four are the Mothers of the Jewish people; three are the Fathers of the Jewish people; two are the tablets of the Ten Commandments; One is our God, in the heaven and on earth.

Who knows ten? I know ten! Ten are the Ten Commandments; nine are the months of pregnancy; eight are the days before the brit; seven are the days of the week; six are the books of the Mishnah; five are the books of the Torah; four are the Mothers of the Jewish people; three are the Fathers of the Jewish people; two are the tablets of the Ten Commandments; One is our God, in the heaven and on earth.

Who knows eleven? I know eleven! Eleven are the stars that were in Joseph's dream; ten are the Ten Commandments; nine are the months of pregnancy; eight are the days before the brit; seven are the days of the week; six are the books of the Mishnah; five are the books of the Torah; four are the Mothers of the Jewish people; three are the Fathers of the Jewish people; two are the tablets of the Ten Commandments; One is our God, in the heaven and on earth.

Who knows twelve? I know twelve! Twelve are the tribes of Israel; eleven are the stars that were in Joseph's dream; ten are the Ten Commandments; nine are the months of pregnancy; eight are the days before the brit; seven are the days of the week; six are the books of the Mishnah; five are the books of the Torah; four are the Mothers of the Jewish people;

three are the Fathers of the Jewish people; two are the tablets of the Ten Commandments; One is our God, in the heaven and on earth.

Who knows thirteen? I know thirteen! Thirteen are God's attributes; twelve are the tribes of Israel; eleven are the stars that were in Joseph's dream; ten are the Ten Commandments; nine are the months of pregnancy; eight are the days before the brit; seven are the days of the week; six are the books of the Mishnah; five are the books of the Torah; four are the Mothers of the Jewish people; three are the Fathers of the Jewish people; two are the tablets of the Ten Commandments; One is our God, in the heaven and on earth.

ONE KID

One kid, one kid, that father bought for two zuzim, one kid, one kid.

Then a cat came and ate the kid, that father bought for two zuzim, one kid, one kid.

Then a dog came and bit the cat that ate the kid, that father bought for two zuzim, one kid, one kid.

Then a stick came and beat the dog that bit the cat that ate the kid, that father bought for two zuzim, one kid, one kid.

Then a fire came and burned the stick that beat the dog that bit the cat that ate the kid, that father bought for two zuzim, one kid, one kid.

Then some water came and put out the fire that burned the stick that beat the dog that bit the cat that ate the kid, that father bought for two zuzim, one kid, one kid.

Then an ox came and drank the water that put out the fire that burned the stick that beat the dog that bit the cat that ate the kid, that father bought for two zuzim, one kid, one kid.

Then the butcher came and slaughtered the ox that drank the water that put out the fire that burned the stick that beat the dog that bit the cat that ate the kid, that father bought for two zuzim, one kid, one kid.

Then the Angel of Death came and killed the butcher who slaughtered the ox that drank the water that put out the fire that burned the stick that beat the dog that bit the cat that ate the kid, that father bought for two zuzim, one kid, one kid.

Then God came and killed the Angel of Death who killed the butcher who slaughtered the ox that drank the water that put out the fire that burned the stick that beat the dog that bit the cat that ate the kid, that father bought for two zuzim, one kid, one kid.

שְׁלשָׁה עָשָׂר מִדַּיָּא, שְׁנֵים עָשָׂר שִׁבְטַיָּא, אַחַד עָשָׂר כּוֹכְבַיָּא, עֲשָׂרָה דִבְּרַיָּא, תִּשְׁעָה יַרְחֵי לֵידָה, שְׁמוֹנָה יְמֵי מִילָה, שִׁבְעָה יְמֵי שַׁבְּתָא, שִׁשָּׁה סִדְרֵי מִשְׁנָה, חֲמִשָּׁה חֻמְשֵׁי תוֹרָה, אַרְבַּע אִמָּהוֹת, שְׁלשָׁה אָבוֹת, שְׁנֵי לֻחוֹת הַבְּרִית, אֶחָד אֱלֹהֵינוּ שֶׁבַּשָּׁמַיִם וּבָאָרֶץ.

חַד גַּדְיָא, חַד גַּדְיָא, דְּזַבִּין אַבָּא בִּתְרֵי זוּזֵי, חַד גַּדְיָא, חַד גַּדְיָא.

וְאָתָא שׁוּנְרָא, וְאָכְלָה לְגַדְיָא, דְּזַבִּין אַבָּא בִּתְרֵי זוּזֵי, חַד גַּדְיָא, חַד גַּדְיָא.

וְאָתָא כַלְבָּא, וְנָשַׁךְ לְשׁוּנְרָא, דְּאָכְלָה לְגַדְיָא, דְּזַבִּין אַבָּא בִּתְרֵי זוּזֵי, חַד גַּדְיָא, חַד גַּדְיָא.

וְאָתָא חוּטְרָא, וְהִכָּה לְכַלְבָּא, דְּנָשַׁךְ לְשׁוּנְרָא, דְּאָכְלָה לְגַדְיָא, דְּזַבִּין אַבָּא בִּתְרֵי זוּזֵי, חַד גַּדְיָא, חַד גַּדְיָא.

וְאָתָא נוּרָא, וְשָׂרַף לְחוּטְרָא, דְּהִכָּה לְכַלְבָּא, דְּנָשַׁךְ לְשׁוּנְרָא, דְּאָכְלָה לְגַדְיָא, דְּזַבִּין אַבָּא בִּתְרֵי זוּזֵי, חַד גַּדְיָא, חַד גַּדְיָא.

וְאָתָא מַיָּא, דְּכָבָה לְנוּרָא, דְּשָׂרַף לְחוּטְרָא, דְּהִכָּה לְכַלְבָּא, דְּנָשַׁךְ לְשׁוּנְרָא, דְּאָכְלָה לְגַדְיָא, דְּזַבִּין אַבָּא בִּתְרֵי זוּזֵי, חַד גַּדְיָא, חַד גַּדְיָא.

וְאָתָא תוֹרָא, וְשָׁתָא לְמַיָּא, וְכָבָה לְנוּרָא, דְּשָׂרַף לְחוּטְרָא, דְּהִכָּה לְכַלְבָּא, דְּנָשַׁךְ לְשׁוּנְרָא, דְּאָכְלָה לְגַדְיָא, דְּזַבִּין אַבָּא בִּתְרֵי זוּזֵי, חַד גַּדְיָא, חַד גַּדְיָא.

וְאָתָא הַשּׁוֹחֵט, וְשָׁחַט לְתוֹרָא, דְּשָׁתָא לְמַיָּא, דְּכָבָה לְנוּרָא, דְּשָׂרַף לְחוּטְרָא, דְּהִכָּה לְכַלְבָּא, דְּנָשַׁךְ לְשׁוּנְרָא, דְּאָכְלָה לְגַדְיָא, דְּזַבִּין אַבָּא בִּתְרֵי זוּזֵי, חַד גַּדְיָא, חַד גַּדְיָא.

וְאָתָא מַלְאַךְ הַמָּוֶת, וְשָׁחַט לְשׁוֹחֵט, דְּשָׁחַט לְתוֹרָא, דְּשָׁתָא לְמַיָּא, דְּכָבָה לְנוּרָא, דְּשָׂרַף לְחוּטְרָא, דְּהִכָּה לְכַלְבָּא, דְּנָשַׁךְ לְשׁוּנְרָא, דְּאָכְלָה לְגַדְיָא, דְּזַבִּין אַבָּא בִּתְרֵי זוּזֵי, חַד גַּדְיָא, חַד גַּדְיָא.

וְאָתָא הַקָּדוֹשׁ בָּרוּךְ הוּא וְשָׁחַט לְמַלְאַךְ הַמָּוֶת, דְּשָׁחַט לְשׁוֹחֵט דְּשָׁחַט לְתוֹרָא, דְּשָׁתָא לְמַיָּא, דְּכָבָה לְנוּרָא,דְּשָׂרַף לְחוּטְרָא, דְּהִכָּה לְכַלְבָּא, דְּנָשַׁךְ לְשׁוּנְרָא, דְּאָכְלָה לְגַדְיָא, דְּזַבִּין אַבָּא בִּתְרֵי זוּזֵי, חַד גַּדְיָא, חַד גַּדְיָא.

Text Copyright © 1998 PITSPOPANY PRESS INC.
Cover Illustration © Ron Barrett
Inside Illustrations © Janet Zwebner

REVISED SECOND EDITION
Original title: Uh! Oh! Passover

ISBN: O-943706-28-9

PITSPOPANY PRESS titles may be purchased for educational or special sales by contacting:
Marketing Director, Pitspopany Press, 40 East 78th Street, New York, New York, 10021.
Fax: 212 472-6253

Printed in Hungary